RAKE

VERLAG

Das große Lexikon der kleinen Missgeschicke

aus Presse, Funk & Fernsehen

Herausgegeben von
Bernd Ellermann

Mit Illustrationen von
Andreas Poloczek

RAKE VERLAG

1. Auflage 2001

Umschlaggestaltung und Illustration von Andreas Poloczek
Umschlagfoto von Ines Matz
Druck und Bindung Koninklijke Wöhrmann, B.V., Zuthpen
Printed in the Netherlands
ISBN 3-931476-55-3

Die Presseschau der kuriosesten Meldungen
aus Presse, Funk & Fernsehen

Herausgegeben von Bernd Ellermann

Von Leichen und Lebenden, dümmsten Ganoven, Pannen rund ums Auto, grotesken Schadensersatzansprüchen, Haarsträubendem aus der Bürokratie, Reiseerlebnissen der anderen Art, und natürlich gibt's auch neues von der Sexfront!

Über den Herausgeber:
Bernd Ellermann wurde 1939 in Karlsruhe geboren. Sein Hobby: das Sammeln von Stilblüten und kuriosen Geschichten aller Art. Er ist Fachjournalist und somit auch Fachmann für die groteskesten Meldungen!

INHALT

ECHT TIERISCH

Asche von totem Hund geschnupft

TOTER DACKEL GEGEN STEREO-ANLAGE

(Süddeutsche Zeitung) Ein Rentner ging in der Münchener Innenstadt mit seinem Dackel spazieren. Da bekam der betagte Hund einen Schwächeanfall und fiel tot um. Der verzweifelte Mann war ratlos. Was tun? Das Unglück passierte vor einem Radiogeschäft. Er ging hinein und fragte einen Verkäufer, der gerade ein teures Stereogerät auspackte, ob er den Karton haben könne. Dann ging er wieder auf die Straße und legte seinen toten Dackel in den Karton. Da sprach ihn ein Ausländer an. Dieser radebrechte, dass er in das Geschäft gehen wollte, um einen 50-DM-Schein zu wechseln, aber sich nicht traue, weil sein Deutsch so miserabel sei. Mitfühlend nahm der Rentner die 50 DM, ging nochmals in das Radiogeschäft, um den Schein zu wechseln. Als er dann wieder aus dem Laden kam, war der Schreck groß: Geldgeber und Dackel waren spurlos verschwunden …

JÄGERLATEIN?

(dpa) Die niederländische Jäger Pioet S. schlich in einem Wald bei Den Haag durch das Gebüsch. Plötzlich stand vor ihm ein Reh, das vor Schreck flüchten wollte, aber mit dem Jäger zusammenstieß. Das Tier verstrickte sich mit dem Kopf in dem Gewehrriemen und zog so stark daran, dass der

Jäger loslassen musste. Mit dem Gewehr um den Hals sprang das Reh davon. Kein Jägerlatein!

Kalb in der Badewanne

(Kölner Rundschau) Auf einer steilen Weide in Nordfrankreich kam ein Kalb ins Rutschen und durchbrach am Ende des Abhanges mit allen vier Beinen ein Dach über einem Badezimmer. Eine gerade in der Wanne sitzende Frau wurde von einem der Hufe leicht am Kopfe getroffen. Nackt und schreiend lief die Bäuerin zur Nachbarin, um Hilfe zu holen.

Dinner for one

(tz) Während die Familie Sandham in Manchester noch schlief, machte sich die Labradorhündin Sandy stundenlang über das Weihnachts-Festessen her. Unter anderem fraß sie ein Kilo Garnelen, 200 Gramm Lachs, einen sieben Kilo schweren Truthahn, ein Kilo Kartoffeln sowie Karotten und Rosenkohl. Als Nachtisch gab es Pudding und Schlagsahne. Das Festmahl für die Familie fiel aus.

Kuh zündet Stall an

(Schadensakte einer holländischen Versicherung) Auf einem niederländischen Bauernhof konnte eine Kuh die Magensäure nicht mehr ausrülpsen und blähte auf. Der herbeigerufene Tierarzt wollte sie davon mit einer Sonde befreien. Um sich vom Erfolg seiner Behandlung zu überzeugen, hielt er ein brennendes Feuerzeug ans Maul der Kuh, wobei sich das Methan enthaltende Magengas entzündete. Die erschreckte Kuh raste feuerspeiend durch den Stall, steckte Heu und Stroh in Brand, der schließlich den ganzen Bauernhof in Schutt und Asche legte.

Gorilla stoppte Einbrecher

(Stern) In einem Zoo in Johannesburg wollte sich ein 28-jähriger Dieb, dem die Polizei schon auf den Fersen war, ausgerechnet in einem Gorilla-Gehege verstecken. Als auch noch die Polizei hereinstürmte, reichte es dem Affenmännchen Max. Zuerst warf er krachend den gestellten Einbrecher zu Boden. Der wehrte sich zwar noch mit drei Schüssen, konnte den ausgerasteten Gorilla aber nicht mehr stoppen. So waren dann die Verfolger dran: Max schnappte sich den ersten greifbaren Polizisten und «rollte ihn ein bisschen über den Boden», wie ein Kollege beobachtete. Einen weiteren biss Max kräftig in den Hintern und kugelte schließlich einem Dritten

schwungvoll den Arm aus. In einer privaten Klinik operierten sonst teure Chirurgen gratis eine Kugel aus den Affenbrust. Seitdem ist Max der Held und erste Sehenswürdigkeit im Johannesburger Zoo.

Elefantengeschichten

(Handelsblatt) Im spanischen «Safari Park Rioleon» bei Tarragona lief ein Elefant auf den Wagen eines Besuchers zu. Dieser kurbelte schnell das Fenster hoch, klemmte aber aus Versehen den Rüssel des Dickhäuters ein. Das Tier befreite sich durch einen mächtigen Tritt an die Fahrertür. Mit einigen «Beruhigungscognacs» machte sich der Besucher auf den Heimweg. Als er unterwegs von einer Streife angehalten wurde und sein Abenteuer erzählte, ließen ihn die Beamten gleich ins Röhrchen pusten. Ergebnis: Führerschein weg!

(Hannoversche Allgemeine Zeitung) Fast die gleiche Geschichte passierte einem Familienvater aus Hannover im Safaripark Hodenhagen. Die Schwiegermutter winkte hier mit einer Banane. Der Elefant kam heran, der Schwiegersohn schrie: «Fenster zu!» Der Dickhäuter, der keine Banane bekam, war verärgert, und trat eine Riesendelle ins Auto. Nicht weniger verärgert war der Familienvater, der sich dann in einer nahen Raststätte drei Bier und zwei Schnäpse genehmigte. Dann fuhr er

weiter Richtung Hannover. Vor Berkhof musste er scharf bremsen – Stau wegen einer Massenkarambolage! Ein Polizist kam auf ihn zu: «Haben Sie auch einen Schaden durch den Unfall?» fragte er. «Nein», sagte der Familienvater, «ich konnte noch rechtzeitig bremsen!» «Und woher kommt die Delle an der Tür», fragte der Beamte misstrauisch. «Das war ein Elefant!» Da änderten sich die bisher höflichen Umgangsformen des Polizisten schlagartig. Er ließ den Autofahrer pusten. Kurz und gut, die Familientour endete kläglich – mit 500 DM Geldstrafe und einem Monat Führerscheinentzug.

(Berliner Morgenzeitung) Im Berliner Tierpark Friedrichsfelde wollte eine Besucherin einen Elefanten fotografieren. Doch der Dickhäuter schleuderte der fotografierenden Frau mit dem Rüssel einen faustgroßen Stein an den Kopf und fügte ihr eine Platzwunde zu. Die Fotofreundin musste sich darauf im nächsten Krankenhaus ambulant behandeln lassen.

(Münchner Merkur) Handelsvertreter Peter Huber aus München stand mit seinem roten Wagen an der Kreuzung. In diesem Augenblick trabte eine Werbetruppe des gastierenden Zirkus samt Elefanten vorbei. Der Leitelefant, dressiert, auf roten Zirkusschemeln Platz zu nehmen, ließ sich kurz entschlossen auf dem Kühler nieder – mit erdrückenden Folgen. Doch Peter Huber, gehetzt und

gestresst, verhandelte nur kurz mit den Zirkusleuten und fuhr weiter – und überfuhr bei der nächsten Kreuzung die Rotampel. Ein Polizist stoppte ihn. Das übliche Hin und Her. Was mit dem Auto gewesen sei. Peter Huber erzählte wahrheitsgemäß die Elefanten-Story. Das war dem Ordnungshüter (doch) zuviel. Er schleppte den «verrückten» Autofahrer zum Revier, wo ihm keiner glaubte. Nur mit Mühe gelang es später der Ehefrau, ihren Mann vor der Einlieferung in die Nervenklinik zu bewahren.

Kater frass Herrchens Daumen

(tz) Beim Herrichten einer Schweinshaxe hat sich ein Starnberger Bürger mit einem Beil den linken Daumen abgehackt. Geistesgegenwärtig rief er im nächsten Krankenhaus an. Der Doktor tröstete ihn: «Den müssen Sie nur in den Kühlschrank legen. Den nähen wir wieder an.» Doch der Daumen war weg. Eine fieberhafte Suche ging los, auch eine herbeigerufene Polizeistreife mit Hund suchte mit. Alles umsonst! Schließlich konnte man sich einen Reim machen – der Hauskater war's. Er kam sofort ins Krankenhaus zum Röntgen: der Bildschirm bestätigte den Katzenjammer. «Kaiserschnitt», schlug der Arzt vor. Doch der Haxenfreund entschied sich für seinen Kater und gegen seine Fingerkuppe.

GESCHLEUDERTE KATER

(FAZ) Ein kleiner Kater war im britischen Petersfield durch die Katzenklappe in die Küche der Hausfrau Min Muldoon gelangt und hatte sich auf einem Haufen Kleider in der Waschmaschinentrommel gemütlich gemacht. Sein Pech: Die Hausfrau schaltete kurz darauf die Maschine ein – 60 Grad samt Schleudergang mit 800 Umdrehungen pro Minute. Doch der sechs Monate alte Vierbeiner überlebte ohne große Verletzungen. «Ich musste die Katze regelrecht auswringen», sagte die Hausfrau. Dann fuhr sie zum Tierarzt, der dem Kater das Wasser aus der Lunge pumpte.

(Ein Herz für Tiere) Kräftig durchgestaucht wurde auch Kater Felix, der mit seinem Herrchen eine Reise auf dem Frankfurter Flughafen startete. In Los Angeles, dem Reiseziel, war der schwarzgetigerte Kater im Laderaum spurlos verschwunden. Erst 29 Tage, 64 Flüge und 300 000 Kilometer später tauchte das sichtbar abgemagerte Tier auf dem Londoner Airport wieder auf.

DAS GEBISS IM KABELJAU

(Abendzeitung) Auf einer Angeltour wurde es dem 60-jährigen Cor Stoop aus Holland schlecht. Es war Windstärke neun und der Angler war am Ende. Versehentlich spuckte er auch sein Gebiss über

Bord. Ein paar Tage später wurde Stoop von seiner Frau auf einen Zeitungsartikel hingewiesen, nach dem ein Angler aus Amsterdam einen 19 Pfund schweren Kabeljau gefangen und in dessen Magen ein Gebiss gefunden hatte. Stoop nahm Kontakt mit dem Angler-Kollegen auf. Und siehe da – es war sein Gebiss: Vor Zeugen setzte er es in den Mund und es passte noch tadellos.

Des Pandas Kern

(Die Welt) Für Dang, den Pandabären im Washingtoner Zoo, wurde eine Gespielin aus China eingeflogen. Doch nichts tat sich in Richtung Nachwuchs. Experten machten Vorschläge, Tierärzte gaben Tipps, Ernährungs-Pläne wurden verfeinert, das Gehege kuschelig umgebaut. Ergebnis: Nichts! Insgesamt 25 000 Dollar investierte der Zoo in das Unternehmen «Panda-Paarung». Zwei Jahre verstrichen – ohne jedes Resultat. Da endlich stieß ein neuangestellter Tierpfleger beim Baden der Pandadame auf des Pudels Kern: Die «Dame» war ein «Er»!

Hunde-Asche geschnupft

(The Sun) Englische Einbrecher fanden in einem Londoner Haus ein Gefäß, das mit dem Wort «Charlie» – Slang für Kokain – beschriftet war. Sie

schnupften den vermeintlichen Koks, der in Wirklichkeit die Asche eines 1997 verstorbenen Hundes der Familie war.

Tierischer Alarm

(dpa) 16 Notrufe registrierte die Lübecker Polizei innerhalb von Minuten und stets war nur der Signalton zu hören. Als die Beamten am Tatort eintrafen, fanden sie eine schlafende Katze auf dem Faxapparat. Der Stubentiger hatte offensichtlich immer wieder auf die Zielwahltaste für den Polizeinotruf gedrückt.

Gunst der Stunde

(Reuters) In der kenianischen Hafenstadt Mombasa standen gleich zwanzig Angeklagte vor Gericht. Als der Richter gerade das Urteil verkünden wollte, brachte eine Schlange alles durcheinander. Man hielt sie für die hochgiftige Mamba. Richter, Staatsanwalt, Wärter, Zuschauer sprangen auf Tische und Stühle, um sich in Sicherheit zu bringen. Endlich fand sich ein Mutiger, der das Untier – es war eine harmlose Eidechsenart – verscheuchte. Doch das Urteil konnte dennoch nicht gesprochen werden: Alle Angeklagte hatten die Panik genutzt, um zu türmen.

AFFEN DEALEN AM MARKTPLATZ

(SZ-Beilage) Die Polizisten in Dhaka, der Hauptstadt von Bangladesh, trauten ihren Augen nicht: Da sahen sie auf dem Markt tatsächlich zwei Affen beim Drogenhandel. Zuvor hatte ein anonymer Anrufer angegeben, die beiden Schimpansen, Hamid und Munni, seien darauf dressiert, den Stoff an Kunden zu verteilen und Geld zu kassieren. Die Affen wanderten in den Zoo, die Hintermänner konnten nicht ermittelt werden.

CATS

(Münchner Abendzeitung) In München-Schwabing gab es ein chinesisches Lokal, das bei Studenten wegen seiner Preiswürdigkeit überaus beliebt war: Jeden Abend war auch der letzte Platz besetzt. Und man schwärmte von der Qualität der Speisenkarte. Eines Tages machte das Gesundheitsamt eine Stichprobe. Die Küche glänzte 1a, die Toilette bestens in Schuss, das Lokal blitzsauber. Zum Schluss schaute der Inspektor noch auf den Hof – und sah einen Riesen-Berg leerer Katzenfutter-Dosen …

(Bonner Generalanzeiger) Eine andere Katzenstory gab es in Castrop-Rauxel. An einem Sommertag standen die Leute Schlange an einer Pommesbude, bei der es auch Gyros gab. Da schlängelte sich ein

Mann durch die Wartenden, schleuderte mit Wucht eine tote Katze auf die Theke und sagte, dass es jeder hören konnte: «Dat is die letzte für heute!» Das Gerücht war in der Welt und der Budenbesitzer seitdem ohne Kundschaft.

DIE FALSCHE TORTE

(Wiener Kronenzeitung) In Wien ging ein Rentner jeden Morgen mit seinem Hund in der benachbarten Parkanlage spazieren. Peinlichst achtete er darauf, den Hundehaufen aufzusammeln. Einmal plazierte er die «Hundstrümmerln», wie die Wiener sagen, in einer Tortenschachtel. Auf dem Weg nach Haus entriss ihm ein junger Bursch die Schachtel – wohl eine tolle Überraschung für den Tortendieb …

(ap) Das erinnert an die alte Dame aus Baltimore (USA), die ihre verstorbene Katze zur letzten Ruhe geleiten wollte. Sie legte ihr Lieblingstier in ein schönes Paket und ging zum städtischen Tierfriedhof. Unterwegs machte sie noch in einem Kaufhaus Station, um einiges einzukaufen. Sie legte das Paket zur Seite, das eine Ladendiebin gleich darauf an sich nahm und in einer Nische öffnete: Es ertönte ein gellender Schrei und die Diebin brach ohnmächtig zusammen.

Hund und Herrchen

(dpa) Ein Jäger aus Baden-Württemberg ging zu seinem Auto zurück. Darin saß sein Jagdhund, daneben lehnte das Schrot-Gewehr, dessen Lauf nach außen zeigte. Irgendwie kam das Tier an den leichtgängigen Abzug. Ein Schuss löste sich und verletzte den Jäger tödlich.

(Die Welt) Tödlich für den Hund hingegen endete in China ein TV-Krimi. Bei einer plötzlichen Schießerei und Schlägerei begann der Hund neben seinem fernsehschauenden Herrchen zu bellen und raste in der Wohnung herum. Dann fiel er mit Schaum vor der Schnauze zu Boden. Todesursache: Herzversagen.

Der Elefant und die Physiker

(Versicherungsinformation) An der Uni von Rio: Physikstudenten errechneten mit ihrem Professor, wieviel Personen wohl nötig wären, um einen Elefanten im Tauziehen zu besiegen. Viele Formeln und Berechnungen wurden ent- und verworfen, dann einigte man sich auf eine Lösung, die man auch in der Praxis ausprobieren wollte. Ein in der Nähe gastierender Zirkus stellte ein sehr starkes Tier zur Verfügung. Das Spektakel verfolgten viele Zuschauer. Der Elefant, der offenbar wenig von

höherer Mathematik verstand, legte sich in die Riemen und zog die riesige Schar von Wissenschaftlern und Studenten ohne besondere Anstrengung einfach davon.

DIE KUH UND DER MÜLL

(FAZ) Bekanntlich sind Kühe in Indien heilige Tiere. Und werden gehegt und gepflegt. Ein Tierarzt im westindischen Bhuj hat bei der Operation einer Kuh eine ungewöhnliche Entdeckung gemacht: Er fand im Magen des heiligen Tieres 4000 Plastiktüten, Drähte und andere Abfälle – mit einem Gesamtgewicht von 45 Kilo. Die Kuh wurde nach dem Eingriff mit 70 Stichen genäht.

RIESENHUNGER

(ap) Ron und Bonnie Probst aus Klamath in Oregon brachten ihre Boa Constrictor zum Tierarzt, weil sie Verdauungsschwierigkeiten hatte. Auf den Röntgenschirm zeichnete sich der Grund ab. Die fast drei Meter lange Riesenschlange hatte ein Heizkissen verspeist. Den Arzt verwundert die Verwechslung nicht: «Die Haut des Heizkissens ist warm und flauschig, die Heizspiralen darin fühlen sich an wie Knochen. Das war wie ein Kaninchen.»

Katz und Maus

(Tiroler Tageszeitung) In Innsbruck stieg ein Katzenbesitzer nach der Dusche im Adamskostüm aufs Rollerrad. Die Hauskatze sah interressiert zu, ging plötzlich in Lauerstellung, ein Sprung – und schon hatte sie sich in ein Ding verbissen, das sie für etwas anderes gehalten hatte. Die Sanitäter, die gerufen wurden, hatten jedenfalls tagelang Gesprächsstoff …

Ochsentour

(FAZ) Die Landbevölkerung in Äthiopien hat eine gravierende Abneigung gegen Banken. Die Bauern heben ihr Geld meist zu Hause auf. So auch der Bauer Mekne, der 7000 Birr – umgerechnet 2000 Mark – im Stall versteckt hatte. Doch eines Tages war das Geld weg. Er verdächtigte seine Frau, weil sie als einzige von dem Versteck wusste. Trotz aller Dementis der Frau verstieß er sie. Aus Ärger über den vermeintlichen Diebstahl schlachtete er dann seinen letzten Ochsen – und fand im Magen des Tieres seine 7000 Birr wieder. Seine verstoßene Frau kehrte aber nicht mehr zurück.

PAPAGEIEN-ALARM

(ap) Das sorgfältige Sprachtraining mit seinem Papagei hat sich für den Philippiner Fernando Santos ausgezahlt: Als ein Einbrecher in Santos' Wohnung schlich, rief der Papagei mehrmals wie gelernt «Eindringling». Die Schreie weckten den schlafenden Eigentümer und alarmierten die Nachbarn, die den Einbrecher überwältigten. Nach Polizeiangaben gestand der 22-jährige Arbeitslose, er habe den Vogel stehlen und verkaufen wollen.

TREU BIS IN DEN TOD

(Pravo) Die allzu große Treue ihrer Hunde hat einer Frau in Tschechien das Leben gekostet. Die 44-jährige war bei einem Spaziergang ohnmächtig geworden und in einem Bach gefallen. Als Augenzeugen die Frau aus dem Wasser ziehen wollten, wurden sie von den aggressiven Hunden daran gehindert. Erst dem eilends herbeigerufenen Mann der Frau gelang es, die Tiere zu entfernen. Die 44-jährige war zu diesem Zeitpunkt jedoch schon tot.

HUNDE-HANDY

(dpa) Das Klingeln eines vermissten Mobiltelefons aus dem Bauch eines Hundes hat bei einer Britin für

Verblüffung gesorgt. Die 27-jährige Rachel Murray wollte ihren Freund zu Weihnachten mit einem Handy überraschen. Der Hund jedoch verwechselte das unter dem Weihnachtsbaum liegende Telefon offenbar mit einem Festtags-Knochen. Als Murray dann die Nummer des neuen Telefons wählte, ertönte ein Klingeln aus dem Bauch des Hundes.

Treu bis in den Tod

(EL Mundo, Spanien) Monatelang erschien ein Hund täglich vor dem Ambulanzraum des Krankenhauses, wo sein obdachloser Herr mit einer Alkoholvergiftung eingeliefert wurde und verstarb. Der Hund kam jeden Morgen, blieb tagsüber im Hof vor dem Ambulanzraum und verschwand nachts wieder. Die Belegschaft fütterte den trauernden Hund.

Pavians Rache

(El Riad) Mantelpaviane warteten in einer Bergregion bei Mekka (Saudi-Arabien) drei Tage geduldig, um den Unfalltod eines Artgenossen zu rächen. Ein Autofahrer hatte einen Pavian überfahren. Als er erneut die Unfallstelle passierte, gab der Affen-Anführer einen gellenden Schrei von sich und alle Tiere bewarfen das Auto mit Steinen. Die Windschutzscheibe brach, der Fahrer hatte Glück, dass er unverletzt blieb.

DAS LEBEN ZU ZWEIT

Batman segelte zur Verlobten herunter

Unbemerkte Geburt

(SZ) Ein 27-jährige Schwangere und ihr Ehemann fuhren nachts in Neapel ins nächste Krankenhaus. Die Wehen hatten eingesetzt, die Frau spürte heftige Schmerzen. Im Kreißsaal angekommen, fragten die verdutzten Ärzte, nachdem sie die Schwangere untersucht hatten: «Wo ist das Baby?» Der verwirrte Vater brauste die Strecke zurück – und fand das lebende Baby in einer Blutlache vor der Haustür. Seine Frau hatte ihr Kind bekommen, ohne es zu merken. Experten erläuterten, dass die Nabelschnur gerissen und der Kleine auf das Pflaster gefallen sei, als die Frau gerade das Haus verlassen wollte. Auch der Ehemann, der im Dunkeln vorausgegangen war, hatte nichts mitbekommen. Das Baby überstand den Sturz auf den Boden ohne Schaden. Das italienische Fernsehen zeigte später erste Bilder von dem gesunden Luigi …

Aus der Kirche gerauscht

(Herald Tribune) Im amerikanischen Mittelwesten stand ein junges Paar vor dem Traualter. Als das Ehegelöbnis gesprochen werden sollte, drehte sich die Braut um, dankte den Hochzeitsgästen für ihr Kommen, den Eltern für ihr Verständnis und dem Bräutigam dafür, dass er zuvor mit ihrer besten Freundin geschlafen hatte. Dann warf sie ihm den

Brautstrauß ins Gesicht und rauschte aus der Kirche.

Rosenkriege

(Erzählung des Vermieters) In München zog ein Ehepaar in ein Einfamilienhaus ein. Am frühen Morgen fuhr ein riesiger Möbellaster vor und der Einzug begann. Mit der Zeit gerieten sich die beiden Eheleute immer mehr in die Wolle: Sie konnten sich über die Einrichtung – was wo hinkommen sollte – nicht einigen. Der Streit eskalierte derart, dass man schon am gleichen Abend wieder auszog.

(SZ) Die Britin Charmaine Rees zerstörte bei einem Streit versehentlich das Aquarium ihres Freundes. Daraufhin schnappte sich der angetrunkene Fisch-Liebhaber Jeremy Walters den Hamster von Charmaine und biss ihm den Kopf ab.

(ap) Eine besonders gemeine Rache dachte sich ein Franzose für seine Exfreundin aus: Nach einem Streit präparierte der Mann aus Montlucon in Mittelfrankreich das Deodorant in der WC-Schüssel der jungen Frau mit Natrium. Nachdem diese dort ihr Geschäft verrichtet und die Wasserspülung bedient hatte, ‹explodierte› die Natrium-Bombe, brachte das WC zum Wanken und produzierte weißen Rauch. Verängstigt wandte

sich die junge Frau an die Polizei; doch diese fand keinerlei Spuren von Sprengstoff in der Toilette. Die Beamten befragten den Exfreund zu dem Vorfall und dieser war gleich geständig. Er habe das Natrium – das in Verbindung mit Wasser so heftig reagiert – in der Toilette deponiert.

(Dagbladed, Oslo) In Norwegen überraschte der zu früh zurückkommende Ehemann seine Frau in flagranti. Der Gehörnte ging auf eine benachbarte Baustelle, lieh sich einen Betonmischer aus und füllte das Sportcabriolet des Liebhabers mit Beton zu.

(Max Schautzer: «Pleiten, Pech und Pannen», Zeitgeist-Verlag) Jonathan Millar aus Boston sollte 4000 Dollar seiner Frau als Abfindung zahlen. Er mietete sich einen LKW, mit dem fuhr er vor das Haus der Ex und löste die Kippvorrichtung aus: Sieben Zentner Abfindung lagen auf Rosen, Tulpen und Narzissen – 400 000 Ein-Cent-Münzen.

(R. Brednich: «Die Maus im Jumbo-Jet», Beck-Verlag) Eine Rache ähnlicher Art leistet sich eine Geliebte in London, die von ihrem Freund hinausgeworfen wurde. Der Playboy fuhr aufs Land und gab ihr eine Frist, seine Wohnung zu verlassen. Als er zurückkam, war das Appartement leer, alles schien bestens, nur der Telefonhörer war abgenommen und aus der Muschel drangen fremdartige Tonfetzen. Er legte

gedankenlos auf. Das Entsetzen kam aber mit der nächsten Telefonrechnung über fast 10000 Mark – sein Anschluss war tagelang mit der automatischen Zeitansage in Japan verbunden gewesen.

Heiratsschwindler wurde selbst reingelegt

(dpa) Zahlreichen Frauen aus Lyon und Umgebung hatte ein Heiratsschwindler hereingelegt und ihnen Geld und Vermögen abgenommen. Dafür saß er dann zwölf Jahre hinter Gittern. Nach Verbüßung der Strafe wollte Louis Bernac endlich einen anständigen Beruf antreten und ehrlich heiraten. Er gab Heiratsanzeigen auf und verlobte sich noch im Gefängnis mit einer Dame. Wegen guter Führung wurde er vorzeitig entlassen. Der Gefängnisdirektor stellte sich als Trauzeuge zur Verfügung.

Leider kam die Ehe nicht zustande: Die Braut erschien nicht zur Hochzeit. Sie war unter falschem Namen in sein Leben getreten und war wie vom Erdboden verschwunden – mit ihr die gesamten Ersparnisse des Bräutigams.

Wohnwagenfahrer vergass Frau am Rastplatz

(SZ) Eine 46-jährige Italienerin aus Trient schlief im Wohnwagen. Als ihr Mann eine Tankstelle auf der

Inntalautobahn anfuhr, wachte sie auf und ging zur Toilette. Aber der Schreck war groß als sie zurückkam: Auto plus Wohnwagen nicht mehr da! Der Fahrer hatte übersehen, dass auch seine Frau die Raststätte aufsuchte. Sie ging zur nächsten Polizeistelle, dort startete man eine große Aktion. Das Ehepaar wollte ursprünglich nach Calais reisen. Alles vergeblich: Nach zwölfstündiger Suchaktion gab die frustrierte Frau entnervt auf und musste mit der Bahn wieder nach Trient zurückfahren.

Der Parfümschnüffler

(dpa) Ein extrem eifersüchtiger Ehemann aus Turin befragte seine Frau jedesmal, wo sie wann mit wem gewesen war. Das Verhör wiederholte sich täglich. Dann suchte er jedes Kleidungsstück nach verräterischen Spuren ab. Schließlich hatte er allabendlich jeden Zentimeter Haut seiner Frau beschnüffelt, um das Parfüm eines anderen Mannes zu entdecken. Der Scheidungsrichter setzte dem Treiben ein Ende.

Lieber im Knast als zuhause

(La Stampa) Ein 29-jähriger Italiener hat seine Unterbringung im Gefängnis beantragt, weil er den Streit zu Hause nicht mehr ausgehalten hat. Paolo P.

aus Prato bei Florenz hat zuletzt unter Hausarrest gestanden, doch seien die ständigen Streitereien mit seiner Frau und den Eltern allerdings unerträglich geworden. So flüchtete der 29-jährige zu den örtlichen Carabineri und forderte seine Unterbringung im Gefängnis. Sein Wunsch ging den Angaben zufolge in Erfüllung. P. ist wegen Rauschgifthandels zu acht Jahren Gefängnis verurteilt worden. Die Haftstrafe endet 2004.

Im falschen Bett gelandet

(Erzählung eines Thüringer Nachbarn) Dass betrunkene Ehemänner beim Heimkommen aus Versehen bei der Nachbarin im Bett landen, ist schon öfter passiert. Dass jemand nicht nur die Tür, sondern gleich den Wohnort verwechselt, ist eher selten. Genau dies geschah in Thüringen, als ein schwer angetrunkener Handwerks-Meister nach einem Kirchweih-Fest den Bus nahm in Richtung Heimat. Doch er stieg ein Dorf zu früh aus, weil die Straße ihm so vertraut vorkam. Und ging in ein Haus, das ihm auch so vertraut vorkam, stieg die Treppe hoch und nahm die erste Türe rechts. Tatsächlich war dies das Schlafzimmer, doch die leidgeprüfte Ehefrau begrüßte den torkelnden Heimkehrer im Dunkeln mit der üblichen Schimpfkanonade. Auch das war ihm vertraut. Ungewohnt war allerdings das, was dann passierte: Denn der richtige Ehemann kam

ebenfalls nach Hause und verprügelte den Irrläufer nach Strich und Faden.

Batman segelte zur Verlobten herunter

(Hamburger Morgenpost) Der Notarzt traute seinen Augen nicht. Was er da sah, hatte er in seiner 30-jährigen Tätigkeit noch nicht erlebt. Vor ihm lag ein Mann mit mehreren Knochenbrüchen und Prellungen – und in einem Batman-Kostüm gekleidet. Allerdings nur bis zur Hälfte. Unterhalb der Gürtellinie präsentierte sich Batman, alias Hermann L., ohne alles – splitterfasernackt! Sichtlich verschämt und erst nach hartnäckigem Nachbohren erzählte die Verlobte, Margarete O., was passiert war: «Hermann hat einen Batman-Tick. Er wollte vom Schlafzimmer-Schrank zu mir heruntersegeln. Gerade als er oben war, verlor er den Halt und stürzte ab.» Batman, der siegreiche Comic-Held, lag nun stöhnend vor Schmerzen am Bettende. Sein Pech: Margarete konnte ihm nicht helfen. Um sie heldenhaft befreien zu können, hatte Batman sie zuvor ans Bett gefesselt. So sah es das Spiel vor. Erst nach über zwei Stunden hörten Nachbarn die Hilfeschreie und alarmierten den Notarzt.

Küssen Dänen besser?

(Max Schautzer: «Pleiten, Pech und Pannen», Zeitgeist-Verlag) Ein dänisches Flitterwochenpaar küsste sich leidenschaftlich. Leider verhakten sich die Zahnspangen der beiden so schlimm, dass sie nicht mehr voneinander loskamen. Was tun? Man versuchte es mit Telefonieren, doch keiner brachte einen verständlichen Satz heraus. Dann kam man auf die Idee, einen geschriebenen Hilferuf zu verfassen. Den SOS-Zettel warfen sie aus dem Fenster. Nach drei Stunden wurden sie endlich von einem Polizisten befreit. Ihm waren die auf der Straße liegenden Zettel schon länger aufgefallen, er hatte aber das Ganze für einen Scherz gehalten.

Prügel im Zug

(FAZ) Ein italienisches Ehepaar geriet in einem Schnellzug nach Brescia heftig in Streit. Der Zugführer trat dazwischen, um zu schlichten, bekam aber selbst Prügel. Darauf stoppte der Beamte den Zug, um die Polizei zu holen. Mehr als eine Stunde blieb der Zug auf dem Bahnhof von Sermide stehen. Als die Polizei kam, hatte der Ehemann schon das Weite gesucht.

Hackerangriff

(AP) Weil sie die Internetsucht ihres Ehemanns nicht mehr ertragen konnte, ist eine Frau im US-Staat Ohio im wörtlichen Sinne zum Computer-Hacker geworden. Die 29-jährige Kelli Michetti schlug mit einem Hackbeil aus der Küche auf den Computer ein. Zunächst versuchte sie, die Stromversorgung des Geräts zu zerschneiden. Als das nicht ging, nahm sie das Beil, während ihr Mann noch vor dem Bildschirm saß. Der Polizei sagte sie, ihr Mann sei während der vergangenen Tage bis 4.00 Uhr morgens im Internet gewesen und habe mit Frauen gesprochen.

Sparsamer Lebensgefährte

(Die Welt) Jacob Leeder speiste nur in billigen Lokalen, fuhr einen 13 Jahre alten Wagen und besuchte seine Freundin Ann Holdorf seit 24 Jahren jeden Nachmittag, weil er bei ihr über Kabelfernsehen die Börsenkurse studieren konnte. Sein Vermögen belief sich aber auf 62 Mio. Dollar, wie die 71-jährige nach dem Tod ihres Freundes erfuhr. Als Ann Holdorf ihren Freund beim Tanzen kennenlernte, versprach er ihr, sie oft auszuführen. Bis zu seinem Tod hat dies der 83-jährige jedoch nie getan. Insgesamt erbte Holdorf nur 250000 Dollar von ihrem Freund.

«DER NÄCHSTE BITTE!»

Kranke Geschichten

Folgenschwerer Schluckauf

(ap) Ein kenianischer Grundschullehrer leidet seit mehreren Jahren unter einem Schluckauf. Er war in mehreren Krankenhäusern und bei zahllosen Ärzten. Auch die einheimischen Kräuterheiler fanden kein Gegenmittel. Er musste seinen Job aufgeben. Hilfe ist nirgends in Sicht.

Verhängnisvoller Irrtum

(Schlund: «Arzt und Haftpflicht», Ecomed-Verlag) Ein Arzt verschrieb in etwas unleserlicher Form einer Patientin die Antibaby-Pille, der Apotheker entzifferte das Rezept als Magentabletten. Die Patientin nahm die Tabletten täglich ein, ohne den Beipackzettel zu lesen. Resultat: Die Frau wurde schwanger – und es kam zur Klage. Wer war schuld: Der Arzt, der unleserlich schrieb, der Apotheker, der falsch interpretierte, die Patientin, die den Beipackzettel wegwarf? Das Gericht sagte eindeutig: der Apotheker. Es begründete sein Urteil damit, dass der Apotheker, wenn er schon die Schrift nicht sofort entziffern kann, er sich durch Rückfrage hätte vergewissern müssen. Allerdings gab das Gericht auch der Mutter eine Mitschuld. Im wesentlichen musste der Apotheker aber den finanziellen Unterhalt des unerwünschten Kindes bestreiten.

(Medical Tribune) Eine ähnliche ungewollte Schwangerschaft gab es vor einiger Zeit in Pennsylvania/USA. Dort ging eine junge Frau in die Apotheke, um ein Verhütungs-Gel zu kaufen. Der amerikanische Begriff «Jelly» bedeutet sowohl Verhütung-Gel wie auch Brotaufstrich. Die Amerikanerin wurde schwanger, verklagte die Apotheke. Bei der Gerichtsverhandlung kam heraus, dass sie das Mittel in der Tat als Brotaufstrich verwendet hatte.

Schüsse im OP

(Hamburger Abendblatt) Ein brasilianischer Chirurg erschoss während einer Blinddarmoperation in Rio einen Kollegen. Motiv: fachlicher Streit. Der Patient wachte dadurch auf, fiel aber angesichts des Blutbades sofort in Ohnmacht.

Gefährliche Eigenbehandlung

(Spiegel) Ein ungeduldiger Engländer verpasste sich einen Einlauf mit Fließbeton, um den «gottverdammten Ärzten zu zeigen, wie man einen Durchfall in Null Komma nichts kuriert» – und ein Kettenraucher aus Yorkshire versuchte sein Hämorrhoiden-Leiden mittels eines ausgedehnten Sitzbades in Spiritus zu lindern.

Tauziehen mit Folgen

(FAZ) Schlimme Folgen hatte ein Massen-Tauziehen an einer Schule von Harrisburg/ Pennsylvania. Dort wollten 2200 Personen – Schüler und Lehrer – ihre Kräfte messen. Zwölf Minuten nach Beginn des Wettkampfes riss das knapp vier Zentimeter dicke Nylonseil mit ohrembetäubenden Knall: Die Teilnehmer stürzten übereinander, 50 Schüler mussten in die Klinik gebracht werden, 150 erlitten Brandverletzungen und Hautabschürfungen, vier Schülern mussten hernach Finger oder Fingerglieder amputiert werden

Der Handy-Unfall

(Frankfurter Rundschau) In der südkoreanischen Hafenstadt Pusan telefonierte ein 36-jähriger Geschäftsmann mit seinem Handy auf der Strasse so intensiv, dass er mitten im Gespräch gegen einen Allee-Baum prallte. Er zog sich so schwere Hirnverletzungen zu, dass er fünf Tage später starb.

Tödliche Blicke

(Reuters) Tragisch endete auch in Rumänien die Radl-Tour eines 58-jährigen Mannes. Der Radler kam mit seinem Fahrrad in Rona de Sus im Nordwesten des

Landes an einer Gruppe junger Mädchen vorbei. Beim Weiterfahren drehte er sich um und schaute den Schönen nach. Dabei prallte er gegen einen Brückenpfeiler, schlug mit dem Kopf auf den Bordstein und starb wenig später in einem Krankenhaus.

Schlaf des Gerechten

(Schadensakte eines Versicherers) Auf seinem Patienten ist ein 45-jähriger Zahnarzt in Stuttgart eingeschlafen. Der Mediziner hatte während seiner Arbeitszeit Alkohol getrunken und trotz zunehmender Trunkenheit die Behandlung fortgesetzt.

35 Jahre Dauerniesen

(AFP) Der Engländer Patrick Webster musste 35 Jahre lang täglich hunderte von Malen niesen. Er konsultierte 60 Ärzte und ließ sich von drei Kliniken behandeln. Erst jetzt wurde der Grund gefunden: Er war allergisch gegen Haferflocken, das er jeden Morgen im Müsli aß …

Internet-Vergiftung

(La Repubblica) In Italien ist ein Internet-Surfer, der drei Tage lang ohne Unterbrechung im Internet

gesurft hatte, mit Persönlichkeitsstörungen ins Krankenhaus gebracht worden. Er wurde mit geistiger Verwirrtheit, Halluzinationen und Wahnvorstellungen eingeliefert – die sog. «Internet-Vergiftung», die immer mehr junge Menschen heimsucht …

Auf der Toilette festgeklebt

(Reuters) Eine Schottin in Edinburgh bemerkte zu spät, dass Scherzbolde in einer öffentlichen Damentoilette den Sitz mit Klebstoff eingesprayt hatten. Auch die herbeigerufene Feuerwehr war machtlos. Sie konnte nur den Sitz abschrauben und diesen nebst dem daran haftenden Opfer in ein Krankenhaus einliefern. Dort wurde die 31-jährige dann nach einem einstündigen Sitzbad aus ihrer misslichen Lage befreit.

Jack the Ritzer

(New York Times) Ein Arzt in Manhattan hatte einer Patientin während einer Kaiserschnitt-Geburt seine Initialen «A.Z.», sieben Zentimeter hoch, in den Unterleib geritzt. Die 31-jährige Mutter verklagte den Doktor auf fünf Millionen Dollar Schadenersatz.

China-Tatoo

(AP) Es sollte eine besonders originelle Tätowierung werden: Der Amerikaner Jeremy Van Camp ließ sich seinen Vornamen in chinesischen Schriftzeichen auf den Rücken tätowieren. Doch dann stellte er fest, dass die sechs chinesischen Zeichen nichts mit den sechs Buchstaben von «Jeremy» zu tun haben und verklagte das Tätowierstudio. «Kung Po Karate, Kampfsportexperte und der fünfte Shaolin – das steht auf meinem Rücken», sagte der 23-jährige Van Camp in Gretna, Louisiana.

Figaros Opfer

(AP) In Sao Paulo standen nach der Schule einige Mütter mit ihren Kindern am Gehsteig und schwatzten. Da riss sich ein Kind von der Hand der Mutter los und rannte auf die Straße – genau vor einen heranfahrenden Lastwagen. Der Fahrer wollte ausweichen, riss das Steuer herum und landete schließlich krachend an der Mauer eines Hauses, in dem sich ein Friseur-Salon befand. Dort polterte unter dem Aufpralldruck ein Hängeschrank von der Wand – und fiel dem Friseurmeister Olavo Mora genau auf den rechten Arm. Einen Augenblick später hielt Mora das Ohr seines Kunden in der Hand …

Golfball abgeleckt: Hepatitis

(Ärztliche Praxis) Eine seltsame Golfergewohnheit ist einem irischen Sportsmann zum Verhängnis geworden. Er hatte den verschmutzten Golfball vor dem Abschlag sauber geschleckt, weil man sich davon eine höhere Fluggeschwindigkeit verspricht. Er zog sich dabei eine akute Gelbsucht zu. Hintergrund: Der Rasen in dem Golfclub wurde regelmäßig mit dem Gift-Stoff 2,4-D behandelt (besser bekannt als Entlaubungsmittel «Agent Orange» im Vietnam-Krieg)

Schwanger trotz Pille

(Spiegel) Ein deutscher Pharma-Konzern hatte 600 000 Placebos für eine Antibaby-Pille angefertigt, um eine neue Verpackungsmaschine zu testen. Die Zuckerpastillen sind für den Laien nicht zu erkennen. Weil jede Abweichung vom Original das High-Tech-Prüfgerät irritiert hätte, waren die Packungen auch nicht mit der Aufschrift «Placebo» versehen. Nur die Registriernummer mit Haltbarkeitsdatum wies eine seltsame Ziffernfolge auf. Nach dem Test wurden die wirkungslosen Tabletten vernichtet. Doch gelangten zuvor einige der zugeschweißten Packungen mit den falschen Pillen auf den regulären Markt. Mit den zu erwartenden Folgen: Dutzende von Brasilianerinnen wurden

dank der Pharma-Panne schwanger, denn die meisten verschreibungspflichtigen Mittel gehen ohne Rezept über den Ladentisch.

Rippenbruch beim Fernsehen

(Schadensmeldung eines Versicherten) Ein Karlsruher Fußballfan schaute sich im Fernsehen ein Europacup-Spiel an. Da gab es einen Elfmeter gegen seinen Club. Völlig unberechtigt, wie der TV-Gucker glaubte. Mit äußerster Konzentration und höchster Anspannung verfolgte er die Zeitlupen-Wiederholung des Foulspiels. Kein Elfmeter! Dann kam nochmals eine Zeitlupenwiederholung – aus anderer Perspektive. Er lehnte sich immer weiter über die Sessellehne heraus, um ganz genau hinschauen zu können – soweit, bis es Knacks machte und er sich zwei Rippen brach.

Überlebt

(AP) Weil ihre Eltern gegen ihre geplante Vermählung waren, beschlossen Huang Pin-jen und Chang Shu-mei, ein Liebespaar aus Taiwan, gemeinsam in den Tod zu gehen. Sie fuhren ihr Auto über eine Klippe – und überlebten. Sie versuchten sich aufzuhängen – und überlebten. Schließlich sprangen sie vom Dach eines zwölf-

stöckigen Gebäudes – und überlebten auch das mit zahlreichen Knochenbrüchen, weil sie auf einem Vordach landeten. Danach gaben die Eltern ihre Einwilligung zur Hochzeit.

(AP) Ein 28-jähriger aus Toronto sprang von einem siebenstöckigen Gebäude, landete auf einen Verkehrsschild und wurde aufgespießt. Der stählerne Pfosten des Schildes drang in seinem Rücken ein und trat nahe der Achselhöhlen wieder aus dem Körper aus. Lebenswichtige Organe wurden nicht getroffen, der Mann überlebte mit minimalen Verletzungen.

Ladykiller

(The Sun) «Ich taufe dich auf den Namen ‹Ladykiller›» – mit diesen Worten schleuderte die Taufpatin in Halifax (England) eine Sektflasche gegen den Schiffsrumpf. Doch die Flasche prallte unversehrt wieder zurück und traf die Lady am Kopf, die mit einer leichten Gehirnerschütterung ins Krankenhaus musste.

Medizinische Wunder

(Die Welt) Militärchirurgen haben aus dem Magen eines Soldaten in Ostbulgarien sechs 15 Zentimeter

lange Eisenstäbe, zwei Kugelschreiber und ein 20 Zentimeter langes Türschloss operativ entfernt.

(Stuttgarter Zeitung) Walter Cunningham aus San Francisco brach bei einem Juwelier ein und machte satte Beute. Aber die Polizei kam ihm sofort auf die Spur. Kurz vor der Verhaftung verschluckte er das gesamte Diebesgut. Worauf er höllische Leibschmerzen bekam. Aus seinen Eingeweiden holten die Ärzte später 91 Diamanten, einen 20karätigen Rubin und einen Smaragd heraus.

(dpa) Der 37-jährige Niederländer Tom Stuivenberg lebte seit 34 Jahren mit einem Kuli im Kopf. Auf einem Röntgenbild entdeckten die Ärzte, dass in seinem Kopf ein 3,5 cm langes Kugelschreiber-Stück steckt. «Mein Vater sagt, dass ich mit drei Jahren vom Stuhl gefallen bin, während ich einen Kugelschreiber in der Hand hielt», sagte Stuivenberg, der stets unter Kopfweh litt. Ein Teil des Stifts sei dabei wohl in den Kopf eingedrungen.

(dpa) In China ist ein Mann mit drei Augen entdeckt worden. Das zusätzliche Auge befindet sich an der linken Schläfe und hat eine Pupille, die sich mit den beiden anderen Augen bewegt.

(ap) Pete Gross, 35 Jahre alter britischer Einhand-Segler, hat sich nach ärztlichen Anweisungen über Fax bei einer Regatta selbst operiert. Mitten im

Pazifik musste er sich mit einem Skalpell seinen Ellenbogen aufschneiden, um eine aufgebrochene Sehne zu behandeln. Für die Operation hatte sich der ehemalige Marineinfanterist eine Taschenlampe um den Kopf gebunden.

(SZ) 48 Jahre hatte eine 56-jährige Französin mit einer 6,5 cm langen Glasscherbe im Bauch gelebt. Das Glasstück war in den Körper eingedrungen, als sie im Alter von acht Jahren mit einem Fahrrad gegen eine Scheibe geprallt war.

(AFP) Ähnlich erging es einem Inder, der offenbar ein Vierteljahrhundert lang mit einem zehn Zentimeter langen Plastikrohr im Magen gelebt hat. Der Fremdkörper wurde jetzt bei einer Magenoperation entdeckt. Das Rohr war bei einer früheren Operation im Körper des Patienten vergessen worden.

(SZ) Abgelehnt haben türkische Ärzte das Ansinnen von Mehmet Esirgen. Der 52-jähriger Rentner, der seit längerem an Impotenz leidet, kaufte sich einen Esel. Diesem schnitt er das Geschlechtsteil ab, ging damit ins Krankenhaus und bat die Mediziner, es zu transplantieren.

(dpa) Mit 46 Kaffeelöffeln im Bauch wurde ein 45-jähriger Italiener ins Spital von Taormina auf Sizilien eingeliefert. Der offenbar nicht ganz zurechnungs--

fähige Mann hatte außerdem zwei Feuerzeuge und eine Metallklemme zur Tischdeckenbefestigung verschluckt. Insgesamt hatte er 2 1/2 Kilo Metall- u. Plastikobjekte im Bauch. Zwölf der Kaffeelöffel waren aus Silber.

MAKABERES

Von Leichen und Lebenden

Haare rot – da fiel die Oma tot um

(SZ) Eine junge chinesische Friseurin ließ sich die Haare knallrot färben. Für ihren Mut wurde sie von ihren Freundinnen sehr bewundert. Als sie dann stolz ihre Großmutter besuchte, stieß diese ein Schrei aus und brach zusammen. Sie starb buchstäblich aus Schreck beim plötzlichen Anblick ihrer Enkelin.

Vom Selbstmörder erschlagen

(tz) Ähnlich makaber ist die Geschichte des 18-jährigen Hiroshi Tomitani aus Tokio, der ahnungslos auf dem Gehsteig stand. Er wurde von dem Körper eines Selbstmörders erfasst, der sich aus dem achten Stock gestürzt hatte. Beide starben.

Mutproben

(Reuters) In Prato bei Florenz suchte man einen Totengräber in der Zeitung. Zehn Bewerber fielen bei der ersten praktischen Prüfung in Ohnmacht. Nur eine Anwärterin bestand die Aufgabe – die Exhumierung einer Leiche …

(dpa) Eine andere Art von Mutprobe bestand ein Indonesier, der mit einer Leiche als Sozius mit seinem Motorrad 150 km weit nachts durch den

Dschungel gefahren ist. Die Arme des Toten hatte man dem Fahrer um den Oberkörper gefesselt. Ziel der Reise: die Beerdigung im Norden der Insel Sulawesi.

ROLLENTAUSCH IN DER LEICHENHALLE

(ap) In einem Krankenhaus der ägyptischen Stadt Menufia ist der für tot erklärte Sadar Badawi nach 12-stündigem Koma in der Kühlhalle wieder aufgewacht. Er schob – wie im Gruselfilm – den Deckel beiseite. Als Angestellte des Krankenhauses die Leichenhalle aufsperrten, erlitt einer der Pfleger einen tödlichen Schock. «Sein Körper wurde an meine Stelle in die Leichenhalle gelegt», sagte Badawi.

IN DEN KATAKOMBEN EINGESPERRT

(La Stampa) Eine deutsche Touristin besuchte die römischen Katakomben an der Via Appia. Sie war allein und kam relativ spät am Nachmittag. Sie lief durch die geheimnisvollen und gruseligen Irrgänge mit den vielen Skeletten und Knochenresten. Trotz aller Mühe fand sie nicht mehr zum Ausgang zurück. Deutsche Urlauber berichteten später einer Tageszeitung, dass sie die Arme am nächsten Morgen, nachdem wieder geöffnet war, zusammen-

gekauert und völlig verstört in einer Nische gefunden hätten. Die Frau war nicht ansprechbar und stand immer noch unter Schock. Sie konnte nur stammeln, dass sie versehentlich eingeschlossen worden war.

Toter kam zur Trauerfeier

(Münchner Merkur) Der Kairoer Achmed Awadh wurde für tot erklärt, weil bei einer vom Mittelmeer angespülten, stark verwesten Leiche eines etwa 30-jährigen Mannes seine Brieftasche gefunden worden war. Da kam Achmed quicklebendig zur eigenen Trauerfeier und erklärte der trauernden und geschockten Familie, dass ihm die Brieftasche mitsamt allen Ausweisen vor einiger Zeit gestohlen worden war. Die Trauerfeier wurde dann in ein hochzeitsähnliches Freuden-Fest umfunktioniert.

Hund erschiesst Herrchen

(dpa) Ein Jäger aus Baden-Württemberg ging zu seinem Auto zurück. Darin saß sein Jagdhund, daneben lehnte das Schrot-Gewehr, dessen Lauf nach aussen zeigte. Irgendwie kam das Tier an den leicht gängigen Abzug. Ein Schuss löste sich und verletzte den Jäger tödlich.

Zu viel für den Hund

(Die Welt) Tödlich für den Hund hingegen endete in China ein TV-Krimi. Bei einer plötzlichen Schießerei und Schlägerei begann der Hund neben seinem fernsehschauenden Herrchen zu bellen und raste in der Wohnung herum. Dann fiel er mit Schaum vor der Schnauze zu Boden. Todesursache: Herzversagen.

Handy im Sarg

(Jedioth Achronoth, Israel) Das Klingeln eines Telefons aus einem gerade geschlossenen Grab hat selbst altgedienten Totengräbern auf dem «Beit Schemesch» Friedhof nahe Jerusalem einen Schreck eingejagt. Die Friedhofs-Angestellten hatten beim Aufstellen eines Grabsteins plötzlich deutlich ein unterirdisches Klingeln gehört und zunächst geglaubt, sie hörten Gespenster-Stimmen. Die verstörten Totengräber beruhigten sich jedoch wieder, nachdem einer der Arbeiter bemerkte, dass sein Mobiltelefon fehlte. Sie öffneten rasch das Grab und fanden darin das klingelnde Telefon.

Scheintot

(SZ) Der Ägypter Achmed Ali wurde nach einem Schwächeanfall im Mittelmeer für tot gehalten und ohne weitere Untersuchung in die Kältekammer einer Klinik in Alexandria gebracht. Nach fünf Stunden bemerkte ein Arzt den Wiedererwachten inmitten der Toten.

Auf Leiche übernachtet

(AP) Ein deutsches Paar hat im Spielerparadies Atlantic City an der US-Ostküste eine Nacht auf einer Leiche geschlafen. Die beiden mieteten sich in einem Motel für 36 Dollar ein. Da sie einen strengen Geruch in dem Zimmer bemerkten, beschwerten sie sich an der Rezeption. Die Nacht verbrachten sie aber dennoch in dem Zimmer. Am Morgen wurde ihnen ein anderes zugewiesen. Das Zimmermädchen suchte dann nach der Herkunft des Geruchs und fand unter der Matratze im Bettkasten einen Toten, der schon einige Zeit dort gelegen hatte.

Brüderchen totgetrocknet

(Berliner Kurier) Wegen seiner nassen Windeln steckte ein Mädchen (3) in England ihren kleinen

Bruder in den Wäschetrockner, schaltete ein. Der sieben Wochen alte Junge starb an schweren Kopfverletzungen. Ein Polizeisprecher: «Die Kleine glaubte, sie könne sich nützlich machen.»

COMIC-FAN BIS IN DEN TOD

(The New Yorker) Der letzte Wille seines Redakteurs war dem Verlag Marvel Comics Befehl. Er ließ die Druckerschwärze mit der Asche des 42-jährigen Verstorbenen mischen und damit ein Comicheft drucken. ‹Er hat es sich so gewünscht, denn er hat Comics wirklich geliebt›, sagte der Chefredakteur des Verlags, Mark Harras. Das Werk kam in den folgenden Tagen in limitierter Auflage auf den Markt.

DARWIN AWARD

Im «American Journal of Forensic Medicine and Pathalogy» werden alljährlich die Kandidaten für den Darwin Award ermittelt – es sind makabere, bizarre Todesfälle, über die auch der «Spiegel» jedes Jahr berichtet:

• Ein Ägypter emittierte aufgrund einer Dauerdiät aus Bohnen, Zwiebeln und Kraut derart viel Darmgas, dass der Sauerstoffgehalt in seiner röhrenartigen Wohnhöhle unter die Lebensgrenze sank – «mors per flatum», Tod durch Abwind, konstatierte der Obduktionsbericht.

• Pech hatte auch ein Hot-dog-Dieb in St.Louis, der sein Beutestück auf einmal herunterschlang und daran elendig erstickte.

• Tragisch-komisch ist der Fall jenes Opernsängers, der im Halbschlaf nach dem klingelnden Telefon greifen wollte, aber indes den daneben liegenden Revolver erwischte und sich erschoss.

• Eine tödliche Wette gingen zwei junge Männer in London ein. Der eine wettete, dass Bahn-Oberleitungen dann keinen Strom führen würden, wenn der Zug im Bahnhof steht. Er pinkelte auf die Oberleitung – und verlor die Wette.

• Ein Aquariumsliebhaber wurde von seinem malaysischen Kampffisch in die Hand gebissen. Aus Wut verschluckte er den Fisch – erst erstickte der Fisch, dann der Mensch: Als die Retter eintrafen, lag der Mann mit dem aus dem Munde ragenden Fischschwanz tot am Boden.

• Nach einem nächtlichen Fabrikeinbruch in Schottland wollte sich ein Dieb über ein nahe gelegenes Schrägdach davonmachen. Zuerst fiel der Mann auf einen Schornstein (Wirbelbruch), von dort in einen Blitzableiter (Bauchruptur mit Darmaustritt) und dann in einen Sonnenkollektor (Augenverlust); schließlich rollte er über die Dachkante (Hodenabriss), stürzte hinab und blieb mit seiner Jacke an einer am Mauerwerk befestigten Fahnenstange hängen. Als man ihn dort bei Schichtbeginn entdeckte, war er längst erstickt.

• Ein Lebensmüder aus Boston hatte am Schwanz einer Katze eine Schnur befestigt, deren zweites Ende an den Abzug eines gegen seine Brust gerichteten Gewehres gebunden war. Dann erschreckte er die Katze und löste so den Schuss aus.

• Eine Frau aus Colombo vergiftete sich, weil ihr Ehemann ohne ihr Einverständnis den TV-Kanal gewechselt hatte.

• Mit viel Schwung warf ein Sportfischer am Ontariosee seine Angelschnur aus. Diese wickelte sich um eine nahegelegende Hochspannungsleitung – Stromschlag, Exitus.

• Ein Pudel, der in Buenos Aires von einem Balkon fiel, kostete insgesammt drei Menschen das Leben: Dem ersten fiel er auf dem Kopf; der zweite wurde von einem Bus überfahren, als er sich das Event ansah und ein dritter Augenzeuge bekam vor Aufregung einen Herzschlag.

• Der Brasilier Nathon do Nascimento erstickte, als ihm beim Angeln am Maguari ein 15cm langer Fisch in den Mund sprang. Zuvor hatte Nathon noch herzhaft gegähnt …

• Vier schwere Eisenbahnunglücke in nur zwei Monaten konnten einen Mexikaner nicht umbringen – er überlebte alle unverletzt. Als er aber mit der Spielzeugeisenbahn seines Sohnes spielte, erlitt er einen elektrischen Schlag und verstarb.

• Der Angler Frank Filipic (47) aus Slowenien ertrank, nachdem er einen großen Plattfisch an der Angel hatte, sich weigerte, ihn fahren zu lassen und von diesem schließlich unter Wasser gezogen wurde. Freunde erzählten, seine letzten Worte seien gewesen: «Jetzt hab' ich ihn!» Taucher fanden seine Leiche nach einer zweitägigen Suche.

• Ein 26-jähriger Mann aus Thailand stürzte sich aus dem sechsten Stock zu Tode, weil seine Frau sich weigerte, seine zwei Freundinnen in die gemeinsame Wohnung einziehen zu lassen.

• In New Orleans wollte in einem Wolkenkratzer ein Angestellter einer Gruppe Jurastudenten die Robustheit des Sicherheitsglases demonstrieren, indem er sich mit der Schulter gegen die Fenster warf. Doch die Verglasung zerbrach und der Mann fiel 24 Stockwerke herunter …

• Fred Brooks aus Forest Park, ein 46-jähriger arbeitsloser Klempner, verwendete Schaufeln, um einen Kanaldeckel auf einer Straße zu entfernen, und ging hinunter. In Freds Eile, die Ursache einer Abwasserrohrverstopfung zu finden, versäumte er, orangene Warnhütchen aufzustellen. Beim Verlassen des Kanals wurde er vom Unterboden eines herannahenden Autos gestreift und getötet.

• Ein Australier aus Melbourne spielte Basketball mit seinem Bruder und einem 16-jährigen Cousin, wobei sie ein an der Garage angebrachtes Tor gebrauchten. Als er mit einem «slam-dunking» den Ball versenkt hatte, hing er sich für einen triumphalen Moment an den Korbreifen. Die Ziegel gaben nach und die ganze Mauer brach über dem 20-jährigen zusammen und verletzte diesen dabei tödlich.

• Ein älterer Dieb saß ruhig im Sonntagsgottesdienst in der All Saints Cathedral in Nairobi. Leider wurde er dabei erwischt, wie er, als der Klingelbeutel herumging, einige Handvoll Geld in seine eigene Tasche «abführte». Als er bemerkte, dass er damit einige Blicke auf sich zog, floh er aus der Kirche direkt auf eine belebte Landstrasse, auf der er von einem just dort vorbeikommenden Bus überfahren wurde.

ÜBERFÄLLIG

Die dümmsten Ganoven

Amerikas dümmster Gefangener

(AP) Zu 90 Tagen Haft wegen ordnungswidrigen Verhaltens verurteilt, wollte ein Insasse keinen Tag länger als nötig im Gefängnis von Rhode Island bleiben. 88 Tage arbeitete er fieberhaft an einem Ausbruchsplan, am 89. Tag floh er – um wenige Monate später geschnappt zu werden und diesmal für 18 Monate ins Kittchen zu wandern.

Fahndungsfoto selbst geschossen

(Spiegel) Eine 83-jährige Bonnerin setzte sich in einen Passbild-Automaten, um sich abzulichten. Beobachtet wurde sie dabei von einem Dieb, der die Situation ausnützen wollte. Als es in der Kabine zu blitzen begann, riss er den Vorhang beiseite, griff nach der Handtasche der alten Dame und wurde somit zum ersten deutschen Verbrecher, der sein Fahndungsfoto gleich selber schoss.

(tz) Sein eigene Fahndungsfoto hat auch ein britischer Autodieb in einem gestohlenen und später verlassenen Fahrzeug hinterlassen. Der 29-jährige konnte der Versuchung nicht widerstehen, mit der Kamera, die er auf dem Rücksitz des geraubten Wagens fand, ein Selbstportrait zu knipsen. Dann kutschierte er einen Tag lang mit dem Auto durch die Gegend, setzte es schließlich gegen einen Baum

und ließ es stehen. Den Fotoapparat hatte er vergessen, zur großen Freude der Polizei, die die Aufnahmen des Täters und seiner Freundin wirklich gelungen fand.

Das Reh war ein Hund

(Schadensakte eines Versicherers) In Rosenheim fuhr ein Handwerksmeister Peter H. mit seinem Auto durch ein Waldstück. Bei einer kleinen Unaufmerksamkeit scherte sein Wagen aus und landete krachend gegen einen anderen. Herr H. hatte aber keine Vollkaskoversicherung, musste also alles selber blechen. Da fiel ihm ein, dass er ja Teilkasko hatte, die bei Wildunfällen zahlte. Und da kam ihm eine Idee. Als er seine Idee verwirklicht hatte, fuhr er zum Kfz-Gutachter seiner Versicherung und behauptete: «Es war ein Wildunfall!» Bei der Besichtigung verwies er demonstrativ auf die Stoßstange, an der Tierhaare hingen. Leider war der Sachverständige auch nicht von gestern: Er erkannte schnell, dass die Haare von einem Hund abgeschnitten und fein säuberlich mit Uhu an die Stoßstange geklebt worden waren.

Diebe flüchten ins Gefängnis

(Reuters) Zwei Männer kletterten auf der Flucht vor ihren Verfolgern über ein drei Meter hohes Tor in

den Innenhof eines Gefängnisses im niedersächsischen Einbeck. Der unerwartete Besuch führte zum schadenfrohen Gelächter bei den Inhaftierten, die eine solche Einlieferung auch noch nicht erlebt hatten. Die beiden Schlaumeier hatten aus einer Vitrine ein Handy gestohlen, wurden aber gleich von der alarmierten Polizei verfolgt.

Waschgang

(dpa) Eine nicht weniger ausgefallene Fluchtburg suchte sich ein geflohener Häftling in Hamburg aus. Die Polizei erhielt einen Tipp, dass sich der 45-jährige Mann in der Wohnung seiner Freundin aufhielt, die daraufhin durchsucht wurde. Man fand aber nichts. Da fiel den Polizisten die Waschmaschine auf. Tatsächlich hatte der Häftling das Gerät völlig entkernt und als Versteck eingerichtet. Nachdem er in das enge Gehäuse geklettert war, hielt er die Wäschetrommel per Hand an die Luke. Zur besseren Tarnung hatte er noch schmutzige Wäsche an die Lukenöffnung und in die Trommel gelegt.

Eigentor

(Die Welt) Ein Räuber hatte sich darauf spezialisiert, die Fensterscheiben von Juwelierläden einzu-

schlagen und sich aus der Auslage zu grapschen, was er wegtragen konnte. Die Methode war immer die gleiche, doch die Polizei konnte den Mann nie schnappen. Trotz der immer funktionierenden Warnanlage war der Dieb jedesmal schneller. Ein betroffener Juwelier schritt zur Selbsthilfe und ersetzte seine Fensterscheibe durch bruchfestes Plexiglas. Einige Wochen später war es wieder so weit. Der Schmuckdieb tauchte nachts um vier Uhr vor dem Laden auf. Mit einem Straßenstein bewaffnet wollte er auf die gleich Tour wie bisher abräumen. Er schleuderte den Stein gegen das Fenster, dieser prallte jedoch ab, knallte dem Dieb vor den Kopf und ließ ihn ohnmächtig zu Boden gehen. Dort blieb er liegen, bis die durch die Alarmanlage herbeigerufene Polizei einsammelte.

Einbrecher im Dessert

(The Sun, London) Ein Einbrecher ist in einem britischen Restaurant im Essen zweier Gäste gelandet. Der Mann stürzte durch ein Glasdach direkt auf ein Käsedessert. Der Täter war in ein Herrenbekleidungsgeschäft in Bath eingebrochen und wollte sich über das Dach davonstehlen. Beim Balancieren verlor er das Gleichgewicht und fiel durch das Glasdach des Restaurants.

NERVEN VERLOREN

(AP) Wenig Erfolg hatten zwei Männer aus Kentucky/USA bei dem Versuch, einen Geldautomaten aus der Wand zu reißen. Zu diesem Zweck hatten sie den Automaten mit einer Kette an der hinteren Stoßstange ihres Pickups befestigt und fuhren an. Doch statt des Automaten rissen sie nur ihre eigene Stoßstange ab. In Panik verließen sie den Tatort und ließen die Stoßstange incl. des Nummernschildes am Ort des Geschehens zurück.

REINGELEGT

(AFP) Um keine Fingerabdrücke zu hinterlassen, trug der 28-jährige John P. Wuchko aus Philadelphia bei einem Raubüberfall Chirurgenhandschuhe. Diese warf er nach dem Überfall weg. Die Polizei sammelte sie ein und fand Wuchko's Fingerabdrücke – an der Handschuhinnenseite.

NACKTER ÜBERFALL

(Der Standard) Wegen vier Raubüberfällen auf Geschäfte, die er völlig nackt begangen hat, musste sich in den USA ein ehemaliger Marineinfanterist vor Gericht verantworten. Die Logik des Räubers: Bei einem Überfallversuch vorher hatten ihn

Zeugen aufgrund seiner Kleidung identifiziert. Dies wollte er vermeiden.

Dieb verlor Brieftasche

(WAZ) In Recklinghausen brach ein drogenabhängiger Dieb in die Umkleideräume des Sportvereins SG Hillen ein. Dort durchsuchte der 30-jährige die Spinde und entwendete zwei Brieftaschen. Die eine war fast leer, in der anderen befanden sich dreihundert Mark Bargeld. Allerdings verlor er dabei seine eigene Brieftasche. Inhalt neben 14 Pfennigen Bargeld: Personalausweis und Führerschein. Für die Polizei Routinearbeit …

Tankstelle verwechselt

(AP) Zwei Räuber aus Edmonton/Kanada überfielen eine Tankstelle in Vancouver. Nach der Tat fesselten sie den Tankwart und flüchteten mit der Beute. Auf ihrer Flucht verfuhren sie sich aber und fragten an einer Tankstelle nach dem Weg – der Tankstelle, die sie vorher überfallen hatten. Der inzwischen befreite Tankwart ließ sie von der Polizei verhaften.

Beknackt

(Die Welt) Zu übermütig wurde eine fünfköpfige Tresorknackerbande aus Berlin, die innerhalb eines Jahres bereits 31 Tresore aufgeschweißt hatte. Bei dem neusten Coup ließ sich Bandenmitglied Michael Z. von hinten knipsen, mit heruntergelassener Hose. Das Bild deponierten die Gangster zum Hohn in den geleerten Tresor. Das Hinterteil konnten die Polizisten nicht identifizieren, wohl aber den auffälligen Sportpullover, den der Fotografierte trug. Rasch hatten sie ermittelt, wo er gekauft wurde – denn der Panzerknacker hatte mit Kreditkarte bezahlt.

Finger ab, Hand ab

(Schadensakten eines Versicherers) Ein Schrei hallte über den Hof. Tischlermeister Bernhard L. wankte aus der Werkstatt, brach zusammen. Nachbarn riefen den Unfallwagen herbei. Während der Notarzt die verstümmelte linke Hand versorgte, suchte der Sani nach den Fingern, die man in der Klinik wieder annähen wollte. Nichts. Zufällig hob er den Deckel eines Leimtopfs. «Darin», so sagte er später bei Gericht, «lagen die Finger – alle fünf!» Mit dem versuchten Versicherungsbetrug hatte sich der Schreiner ein Eigentor produziert.

(Schadensakten eines Versicherers) Gleich die ganze linke Hand wurde einem Metzgermeister abgetrennt, als er beim Radwechsel war. Zuvor war ein Laster vorbeigefahren, eine herabstürzende Bleiplatte hatte dann das Unglück verursacht. So auch die Darstellung des Beifahrers. Am Tatort fand die Polizei die blutverschmierte Platte. Doch der Gutachter bewies später, dass die Hand fachmännisch mit einem Skalpell abgetrennt wurde, dann – in einer Plastiktüte – von dem Freund an den Unfallort gebracht wurde. Vorher hatte der Metzger bei vier Versicherern Unfallpolicen über 3,2 Mio. Mark vereinbart.

Babababanküberfall

Nach der Methode «Dümmer als die Polizei erlaubt» versuchen immer wieder Bankräuber in aller Herren Länder ihr Glück aufs Neue:

(dpa) Ein «behinderter» Räuber betrat in Barcelona eine Bank. Zur Tarnung hatte der bereits wegen Bankraubs aktenkundige 35-jährige seine Brille mit äußerst dicken Gläsern abgesetzt. Der extrem Kurzsichtige befürchtete, an seiner außergewöhnlichen Brille erkannt zu werden. Aber er lief mit seiner Beute erst gegen Einrichtungsgegenstände, stolperte und warf einen Aschenbecher um. Mittlerweile wartet die Polizei schon vor der Tür auf ihn.

(SAD) Pech hatte auch ein Bankräuber in Rouen, der mit Beute aus der Bank raste, in den nächsten Wagen sprang und mit der Pistole fuchtelte: «Sofort losfahren» – er war allerdings in einen Polizeiwagen gesprungen.

(Die Welt) Nicht weniger dämlich: In Lynn/Massachusetts floh ein Bankräuber mit dem Taxi, das allerdings nach wenigen Metern von der Polizei gestoppt wurde – der Räuber hatte vergessen, die Maske abzusetzen.

(Abendzeitung) In Tel Aviv schrie ein Bankräuber: «Geld her, dies ist ein Überfall!» Die schwerhörige Bankangestellte fragte: «Wie bitte, können Sie das nochmal sagen?» «Banküberfall!», schrie der Räuber nochmals. «Lauter, ich versteh überhaupt nichts!», kam es zurück. Auch der dritte Versuch schlug fehl – genervt suchte der Mann das Weite.

(FAZ) In Dublin hatten sich während der Osterfeiertage Einbrecher einen 200 Meter langen Tunnel gegraben, um in den Tresorraum einer Bank zu kommen (erhoffte Beute: 20 Millionen Mark). Beim letzten Durchstoß standen sie baff vor dem Unglaublichen – sie waren in einer Damentoilette gelandet.

(Die Welt) Ein Bankräuber in San Francisco – mit wenig Englischkenntnissen – ging in eine Filiale der

Bank of America und kritzelte seine Forderung «Geld her. Sonst tot!» auf ein Überweisungs-Formular des Instituts. Dann wurde er nervös und entschied sich, die gegenüberliegende Bank aufzusuchen. Doch der Schalterbeamte meinte nur: «Sorry, aber wir können keine Formulare der Konkurrenz akzeptieren!» Deshalb müsse er wieder zur Bank of Amerika – folgsam wartete er dort in der Schlange, als die Polizei ihn festnahm.

(SZ) Bei den Worten «Geld her, dies ist ein Überfall» fiel dem Bankräuber Jack Collins das Gebiss heraus. Mit hochrotem Kof rannte Collins – ohne Gebiss – aus der Bank. Er wurde bald gefasst. In seinen dritten Zähnen war sein Name eingraviert.

(Die Welt) Ein Bankräuber im schottischen Edinburgh leinte seinen Hund an einen Zaun, dann überfiel der bewaffnete Hundebesitzer eine große Bank im Zentrum und erbeutete 100 000 Mark. Als er flüchtete, vergaß er seinen angebundenen Vierbeiner. Die Polizei nahm das Tier in Gewahrsam und kam dem Räuber anhand des Halsbandes recht schnell auf die Spur.

(Stern) Der geräusch- und erfolgloseste Bankraub spielte sich in Ohio ab. Dort reichte ein ausgesprochen unauffälliger Bankräuber einen Zettel an dem Kassierer, auf dem handschriftlich geschrieben stand: «Dies ist ein Überfall – ich besitze eine

Waffe». Der Kassierer las – und dann entriss ihm der Bankräuber wieder das Papier, um noch einen Satz draufzuschreiben: «Stecken sie das Geld in eine Papiertüte!» Erneut bekam der Kassierer das Papier hingehalten. Er las es, nahm einen Kugelschreiber und setzte unter des Bankräubers letzten Satz: «Ich habe keine Papiertüte.» Dann gab er den Zettel zurück. Worauf der schweigsame Bankräuber die Flucht ergriff.

(dpa) Ein 50-jähriger Frührentner wollte mit einer Erpressung seine Mini-Rente aufbessern. Der nur 1,50m große und in der deutschen Rechtschreibung nicht gerade bewanderte Mann warf folgenden handgeschriebenen Brief bei der Sparkasse ein: «Wir möchten Sie Doch bitten ohne Polizei 50000 MARG An der Hermann Hesse Str. Kaufhalle Hinder Den Imbiss China Absulegen biss heute 15.30 Uhr, sonst Steht das Haus in Flammen. Wier sind Mährere Leute.» Statt des Geldes erwarteten ihn die Ordnungshüter.

(FAZ) Die Bankräuberin Erika G. wurde ein Opfer ihrer Nervosität. Die 41-jährige überfiel mit einer «Stan Laurel»-Karnevalsmaske eine Bank und erbeutete 42000 DM. Nach getaner Arbeit vergaß sie jedoch, die Maske wieder abzunehmen und wurde auf der Straße von Passanten bis zum Eintreffen der Polizei festgehalten.

(dpa) Mit seiner Beute in Höhe von 17000 Mark sprang ein Bankräuber aus Magdeburg in sein Fluchtfahrzeug. Dieses sprang aber nicht an – der Tank war bis auf den letzten Tropfen leergefahren.

(Stern) Ein Arbeitsloser aus Hannover wollte einen neuen Fernseher. Er ging zur nächsten Bank und drohte: «Ich brauche 800 Mark!» Dann bot er noch an: »Soll ich Ihnen diesen Beitrag noch quittieren?»

Durchgeknallt

(tz) Auf der Flucht aus einer Weilheimer (Oberbayern) Bankfiliale knallte ein holländischer Bankräuber gegen die Tür, dann stolperte er über eine Stufe, erwischte die heruntergefallene Tüte am falschen Ende und verlor den größten Teil seiner Beute.

Quellen:
Das neue Lexikon der Niederlagen, Eichborn
Krämer/Schmidt, Das Buch der Listen, Eichborn
Der Stern, Deutschlands dümmste Gauner, Ausgabe 18/1996
Pile, Nieten ohne Ende, München

200 000 MARK FÜR EINEN ZEHENNAGEL

Groteske Schadensersatzansprüche in den USA

Bei kleinsten Wehwehchen und Missgeschicken wird in den USA geklagt, wenn ein anderer schuld war. Und das oft mit Erfolg. Hier eine Sammlung von unglaublichen Schmerzensgeldklagen – zusammengestellt aus verschiedenen Versicherungs-Fachzeitschriften:

- Ein Bankangestellter aus Plainsboro verklagte seinen Arzt, weil der ihm einen eingewachsenen Zehennagel entfernt hatte. «Ich wollte den Nagel behalten», sagte der Patient vor Gericht. Er bekam 200 000 DM Schmerzensgeld von dem Haftpflichtversicherer des Arztes.

- In einer Entbindungsstation wurde eine Mutter mit einem blauen Kontrastmittel gespritzt. Als das Baby später geboren wurde, sah es bläulich aus. «Wie ein Smurf», sagte der Arzt. Das sind elfenhafte Wesen, die im US-Fernsehen ihr Unwesen treiben. Die Mutter klagte gegen den Arzt und gewann eine erkleckliche Geldsumme.

- 2,7 Millionen Dollar erhielt eine Frau, die in einem Imbissladen einen Papierbecher mit Kaffee gekauft hatte. Sie klemmte im Auto den Becher zwischen die Beine und verbrühte sich, als der Kaffee überschwappte. Die Imbisskette hatte angeblich heißeren Kaffee als die Konkurrenz ausgeschenkt, ohne ihre Kunden ausdrücklich zu informieren.

- Zwei Polizisten verklagten den Koch einer Raststätte, weil er ihre Sandwiches mit scharfer Tabascosoße getränkt hatte. Das war «ein tätlicher Angriff», weil sich die beiden den Mund verbrannt hatten.

• Abgewiesen wurde die Schadensersatzforderung eines Stadionbesuchers in Ohio. Der Mann ging während der Pause auf die Herrentoilette und sah dort eine Frau am Urinal stehen. Dies hätte ihn so geschockt, dass er die Toilette nicht mehr benutzen konnte. Er forderte 1 Million Dollar.

• Mehr Glück hatte ein New Yorker, der sich in selbstmörderischer Absicht vor eine herannahende U-Bahn warf. Der Fahrer konnte bremsen, verletzte jedoch den Selbstmörder in spe. Darauf verklagte er die Stadt, dass man nicht alles getan habe, um ihn vor dem Sprung zu bewahren. Er bekam 600 000 Dollar.

• Berühmt ist der Fall einer Katzenbesitzerin aus Alabama, die ihre Katze badete und sie anschließend zum Trocknen in den Mikro-Grill steckte. Sie gewann den Schadensersatzprozess, weil in der Gebrauchsanleitung nichts darüber zu lesen war, dass das «Trocknen von Katzen» im Mikro-Grill nicht möglich sei.

• Ein herzkranker, übergewichtiger Amerikaner erlitt beim Rasenmähen einen Herzinfarkt. Er verklagte den Produzenten des Rasenmähers, weil der Starter zu schwer zu bedienen sei. Dieser zusätzliche Kraftaufwand hätte den Infarkt verursacht. Er bekam 1,2 Mio. Dollar Entschädigung.

• Ein anderer Geschädigter gab an, dass sich bei einer Autoreparatur ein Streichholzmäppchen, das er in der Hosentasche trug, selbständig entzündet hätte. Er behauptete, die Reibfläche auf dem Mäppchen sei falsch angebracht und forderte 500 000 Dollar Schadensersatz.

• Ein Drogenfahnder, der selbst zum Rauschgift griff, erhielt ein hohes Schmerzensgeld. Er überzeugte die Richter, dass er in seinem Job soviel Dienststress erleiden musste, dass er selbst drogenabhängig wurde.

• Im US-Staat Illinois trank ein junger Mann zwischen seinem 17. und 21. Lebensjahr so viel Whisky, dass er den Schulabschluss verpasste, den Führerschein und alle Jobs verlor. Dann machte er eine Entziehungskur und verklagte den Hersteller seines Whiskys auf Schadensersatz, weil er auf der Flasche nicht darauf hingewiesen hatte, wie gefährlich Alkohol ist.

• Eine Barfrau aus Las Vegas fuhr ihren alten VW-Käfer im Vollrausch in einen Graben. Der Wagen blieb auf dem Dach liegen, ihr Kind wurde von der auslaufenden Säure der Batterie verletzt, während sie ihren Rausch ausschlief. Die Frau forderte von VW mehr als eine Million Dollar Entschädigung.

• Nach dem Verzehr eines Wurms, der sich in ihrem Joghurt befand, hat eine Frau eine Schwächung ihrer Libido hinnehmen müssen. Sie verklagte den Hersteller, da er nicht auf die Wurmgefahr in der Milchspeise hingewiesen habe. Nach ihren Angaben leidet sie unter schlimmen Alpträumen, in denen zahllose Würmer eine Rolle spielen. Ihr Appetit und ihre sexuelle Lust hätten sich stark verringert.

• In Boston wurden einem 10-jährigen irrtümlich ein Gipsarm verpasst. Am nächsten Tag bemerkte der Arzt den Fehler und nahm den Gips wieder ab. Das reichte schon dem Vater, der erfolgreich gegen die «eintägige» Beeinträchtigung klagte und 40 000 Dollar bekam.

• In dem Musical «Cats» – ein Dauerbrenner in New York – muss ein verliebter Kater laut Drehbuch von der Bühne gehen und vor einer Besucherin tanzen. Diese empfand die erotischen Hüftbewegungen direkt vor ihr als «visuelle Vergewaltigung» und klagte ein hohes Schmerzensgeld von 12 Mio. Dollar ein. Zusätzliches Argument: Sie könne ihren eigenen Kater nicht mehr unbefangen streicheln …

• Darryl Washington und Maria Ramos wurden von einem U-Bahn-Zug überfahren, als sie sich auf einer auf den Gleisen liegenden Matratz liebten. Das Paar erlitt Knochenbrüche und klagte die Verkehrsbehörden von New York wegen «Rücksichslosigkeit» an. Denn «Auch Obdachlosen steht ein Platz für Sex zu …»

• Die alte Dame wollte ihren Haarausfall bekämpfen. Und tatsächlich: Das Anti-Glatzen-Mittel ‹Rogaine› wirkte bei der 73-jährigen Gloria Moesson, nur zu stark.

Schon bald klagte die New Yorkerin über bartähnliche Behaarung von Wimpern bis zum Kinn. Selbst zwei Monate nach Absetzung der Wundermedizin sprossen die Haare unbeirrt weiter. Sie reichte bei der Justiz eine Schmerzensgeldklage über 2,6 Millionen Mark ein.

• In Kalifornien verklagt eine Großmutter das Disneyland. Grund: Ihre Enkel mussten zusehen, als Micky Maus sein Kostüm auszog. ‹Die Szene war traumatisch für meinen Enkel›, erklärte die Oma und strengte einen Schmerzensgeld-Prozess an.

• Am Klo hängengeblieben: Ein Mann aus Philadelphia hatte ein Spielcasino auf 50 000 Dollar verklagt, weil sein Hintern an einer Toilettenbrille festgeklebt war. Der Rand wurde zuvor mit Kleber beschmiert. Er musste nur mit einem Handtuch bedeckt durch den Saal laufen, bevor er von der Brille befreit wurde. Dabei sei er wie eine Ente gewatschelt.

• 600 000 Dollar wollte eine geschiedene Ehefrau von ihrem Ex-Mann haben, weil er sie noch während der Ehe mit einem Genital-Herpes angesteckt hätte, die er sich bei Prostituierten geholt habe.

• Fünfzehn Millionen Dollar wurden zwei Texanern zugesprochen, die am Flughafen von Fort Worth mit ihrem Auto rücklings mit Karacho in ein anderes Fahrzeug gekracht waren. Der Fahrer vor ihnen hatte gebremst, um die Anzeigentafel von American Airlines zu studieren. Schuld habe, so die Geschworenen, lediglich zwei Prozent die beiden Texaner, 32 Prozent der Bremser, aber 66 Prozent die Fluglinie.

• Craig Chocich verletzte bei einer Schlägerei einen Mann mit 29 Messerstichen. Aus dem Gefängnis reichte er Klage ein, dass ihn die Folgen eines früheren Autounfalles brutal gemacht hätten. Er gewann den Prozess und erhielt eine hohe Entschädigung für seine Haftzeit.

• Richard Braue, New York, sah sich den Garten eines Restaurants an, in dem er seine Hochzeit feiern wollte. Da kam plötzlich eine Ente im Sturzflug auf ihn zu, er wollte ausweichen, stürzte über eine Baumwurzel und brach sich einen Wirbel. Bei der Hochzeit musste er ein Stützkorsett tragen und konnte sich während der Flitterwochen kaum bewegen. Gegen den Restaurants-Besitzer, dem die Ente gehörte, strengte er eine Klage über eine Million Dollar an.

• 18 Personen waren in New York nach eigenen Angaben bei einem Zusammenprall eines Linienbusses mit einem Müllwagen erheblich verletzt worden, aber alle vor Eintreffen der Polizei unter Schock vom Unfallort weggehumpelt. Der Anwalt der Stadt konnte aber nachweisen, dass der fragliche Bus auf dem Weg ins Depot und dehalb bis auf den Fahrer leer war …

UNGLAUBLICH

Wahre Stories oder moderne Sagen?

Eine Brieftasche zuviel

(R. Brednich: «Die Spinne in der Yucca-Palme», Beck-Verlag) Ein Kanadier reiste geschäftlich nach New York. Am Abend wollte er noch um die Ecke zum Chinesen gehen. Es war rush hour, auf der Straße eilten die Leute geschäftig hin und her. Da fühlte er eine Hand an seinem Revers, gleichzeitig bemerkte er, dass seine braune Brieftasche weg war. Ein Schwarzer hatte ihn gerade verdächtig gestreift. Er lief hinter dem Mann und schrie: «Give me my money!» Der Farbige war völlig perplex und gab ihm eine braune Brieftasche, die er sofort einsteckte. Doch die Überraschung war groß: Als er sein Hotelzimmer betrat, lag seine eigene Brieftasche auf dem Nachttischchen.

Hefeteig alarmiert Polizei

(Abendzeitung) Einen kuriosen Polizeialarm löste in Düren ein Hefeteig in einem Verbrauchermarkt aus, der aus einer aufgeplatzten Verpackung heraus buchstäblich auf Wanderschaft ging. Er «sprang» auf eine Türklinke, die gesichert war und automatisch den Hilferuf bei der nächsten Polizeistation aktivierte. Die Polizei umstellte den Supermarkt und war auf Einbrecher gefasst.

Knüppel aus dem Sack

(Spiegel) In der kenianischen Stadt Marsabit wollten zwei Beamten einen Mann mit nur einem Bein und einem Arm festnehmen. Doch der zog plötzlich seine Krücke, schlug auf die beiden ein und nahm ihnen ihre Pistolen ab. Dann zwang er die Beamten auf allen Vieren zum Polizeirevier zu kriechen. Dabei mussten sie ihn «Hoher Herr» nennen, vor ihm salutieren und die Nationalhymne singen. In der Wache übergab der Mann seine zwei uniformierten Gefangenen dem Polizeichef und bat um seine Festnahme.

Strip lenkte ab

(Versicherungs-Jahrbuch 1994) Im niederländischen Zwolle betraten mehrere Frauen lautstark einen Supermarkt und entblößten zur Verblüffung von Kundschaft und Personal ihre Oberkörper. Während des Oben-ohne-Auftrittes, den alle interessiert verfolgten, leerten Komplizen unbemerkt die Ladenkassen. Gewinn der Diebe, die mit ihren Gefährtinnen unbemerkt entkommen konnten: 10000 Mark.

Die Rache des Papageienbesitzers

(tz) Die Katze des Nachbars krallte sich seine beiden über alles geliebten Papageien. Da sann der Besitzer

einer kleinen Bar in Sri Lanka auf Rache. Er fing die Katze, schlachtete sie und lud am nächsten Tag scheinheilig den Besitzer zu einer kostenlosen Mahlzeit ein: Die Nachbarskatze wurde als «Rindergeschnetzeltes», gut gewürzt, serviert. Der ahnungslose Nachbar verzehrte mit größtem Appetit den Braten.

Neue Idee nütze nichts

(FAZ) Die Polizei in Bangkok verhaftete den Brasilianer Julio Barros wegen Ladendiebstahls in einem Juweliergeschäft. Barros hatte sich in die Spitze des kleinen Fingers der linken Hand ein Röhrchen implantieren lassen. Von da aus führte es unter der Haut durch den Arm in die Achselhöhle, wo der Dieb ein Auffangsäckchen trug. Darin fand man Diamanten über 20000 Mark.

Doppelt hält besser

(Münstersche Zeitung) Ein deutscher Tourist aus Paderborn bummelte über einen Flohmarkt in Budapest. Plötzlich sah der Antiquitätenfreund zwei Leuchter, die wunderbar in seine Wohnung passten. Dort hatte er schon zwei Stücke, die ähnlich aussahen. Der Verkäufer verlangte einen unverschämt hohen Preis, doch der Deutsche zahl-

te, weil er seine Leuchter zu Hause unbedingt ergänzen wollte. Zurück in Paderborn, eröffnete ihm die Polizei, dass bei ihm eingebrochen wurde. Die Einbrecher hatten auch die zwei Leuchter mitgenommen – die gleichen Leuchter, der er gerade in Budapest gekauft hatte.

(BZ) Diese Story erinnert an eine Geschichte, die einem Berliner passiert war, der in einem Antiquitätengeschäft einen Fotokatalog durchsah. Dort entdeckte er haargenau den gleichen Rennaissance-Schrank, den er zu Hause hatte. Er fragte den Händler, ob er diesen Schrank erwerben könnte. Der Händler nickte und meinte, in einigen Wochen könne er liefern. Der Berliner ging zur Polizei und erfuhr, dass derartige Objekte von Diebesbanden ausspioniert und dann Händlern angeboten werden.

Die Gentlemen bitten zur Kasse

(dpa) In Japan überfiel ein Räuber-Duo zwei Studenten und forderte Bargeld. Eines der Opfer weigerte sich und bekam dafür Schläge. Daraufhin traten Täter und Opfer in Verhandlungen ein. Schließlich einigte man sich: Die Täter nahmen einen 10000 Yen-Schein (ca. 150 Mark) entgegen, wechselten und gaben den Opfern die Hälfte des Betrages zurück.

(Washington Post) Ähnlich kulant verhielt sich ein Einbrecher in Vermont/USA, der Mr. Coheb, der bei Freunden auf einer Party weilte, spät nachts anrief: «Eigentlich wollte ich Ihre Wohnung ausräumen. Aber Ihre Kinder toben in der Wohnung herum. Die Badewanne wäre übergelaufen, wenn ich nicht den Hahn zugedreht hätte. Den Hund habe ich aus dem Eisschrank befreit. Und dann musste ich noch einen kleinen Brand löschen, den Ihre Kinder verursacht haben. Sie sollten mal schnell anrücken ...»

(FAZ) Glück hatte auch der US-Buchautor Studs Terkel («Arm und Reich»), der in Chicago von einem Straßenräuber überfallen und um 250 Dollar erleichtert wurde. Als der Dieb floh, schrie ihm Terkel hinterher: «Hey, ich bin jetzt völlig pleite! Gib mir 20 Kröten!» Der Räuber hatte ein Einsehen und drückte ihm einen Zwanzigdollarschein in die Hand.

DIE HAND AM RÜCKEN

(R. Brednich: «Die Ratte am Strohhalm», Beck-Verlag) In Norddeutschland fuhr ein Mann nachts mit dem Auto durch ein Waldstück. Da sah er eine Gestalt leblos auf der Straße liegen. Er bremste, stieg aus und lief auf die Gestalt zu. Doch es war kein Mensch, der da lag, sondern eine Schau-

fensterpuppe. Der Mann witterte sofort die Falle und lief zu seinem Auto zurück. Er stieg ein – und spürte gleichzeitig eine Hand auf seinem Rücken. Entsetzt schlug er die Autotür zu und fuhr mit quietschenden Reifen davon. Die Hand war wohl reine Phantasie, dachte er bei sich. Als er aber nach einiger Zeit anhielt und die Tür öffnete, fielen vier blutige Finger auf den Asphalt.

Flaschenpost-Rekord

(AP) Auf dem Weg zu den Schlachtfeldern des Ersten Weltkriegs schrieb der britische Soldat Thomas Hughes im September 1914 seiner geliebten Frau einen Brief, steckte ihn in eine Flasche und vertraute ihn dem Meer im Ärmelkanal an. Zwei Tage später fiel er in Frankreich. 1999, fast 85 Jahre nach seinem Tod, hielt seine zu Tränen gerührte Tochter Emily den Brief des Vaters in Händen, der sich von der damals Zweijährigen mit einem Kuss verabschiedet hatte. Die grüne Brauseflasche mit dem Schriftstück fand der englische Fischer Steve Gowan in seinem Netz, als er im März vor der Themsemündung auf Kabeljaufang war. Der noch festsitzende Gummiverschluss hatte den Brief die ganze Zeit hindurch vor Meerwasser und Witterung geschützt.

GEFÜLLTE SPEISEKAMMER

(AP) Eine 71-jährige Ungarin hat in Budapest einen Monat in ihrer Vorratskammer überlebt, nachdem sie sich dort versehentlich eingeschlossen hatte. Die Frau ernährte sich von Tomatensaft und Dosenfrüchten. Nachbarn hatten die Polizei alarmiert, weil sie die Frau einen Monat lang nicht mehr auf der Straße gesehen hatten.

UNGLAUBLICHE ZUFÄLLE

Quelle: www.freunde.imperium.de

• In Worcester/England stießen zwei Autos zusammen. Beide Fahrer blieben unverletzt. Nachdem sie ausgestiegen waren, überreichten sie sich ihre Visitenkarten. Dabei stellte sich heraus, dass alle beide mit Vornamen Frederik und mit Nachnamen Chance hießen. ‹Chance› ist das englische Wort für ‹Zufall›.

• Ein Münchener Kunstsammler erhielt von einem Freund eine antike Vasenscherbe geschenkt. Sie passte zufällig haargenau zu jener Scherbe, die der Kunstsammler Jahrzehnte zuvor in Athen gekauft hatte. Und so waren das Mädchen und der Knabe auf der antiken Vase wieder so harmonisch vereint wie vor über 2000 Jahren im alten Hellas.

• Als in einer Würzburger Klinik zwei ledige Mütter am selben Tag Zwillinge gebaren, legte man sie in dasselbe Zimmer. Im Verlauf ihrer Gespräche stellte sich heraus, dass alle vier Kinder vom gleichen Vater waren. Die beiden Mütter erfuhren erst durch diesen ‹Zufall› von den Eskapaden ihres Partners.

• In Montenegro brach der Direktor einer Schule zusammen – Herzinfakt. Ein Lehrer eilte herbei und startete Wiederbelebungsversuche. Dabei erlitt auch er eine Herzattacke. Ein Passant sah die beiden und wollte helfen – und erlitt auch einen Infakt.

• Im Jahre 1998 bekamen die drei Schwestern Karralee, Marrianne und Jennifer McBean aus American Fork in Utah am gleichen Tag ein Baby. Die älteste Tochter Karralee (28) gebar um 7.18 einen Sohn, dann folgte die zweitälteste, die 27-jährige Marrianne, dass Schlusslicht bildete die 24-jährige Jennifer, die um 20.58 eine Tochter gebar. (Die Chancen für ein solches Ereignis liegen bei 1:50 Millionen.)

DAS LIEBSTE SPIELZEUG

Automobiles – und was passieren kann

Polizeifahrzeug verwechselt

(Die Welt) Ein angesäuselter Autofahrer aus Sheffield/England setzte sich nach einem Pub-Besuch ans Steuer seines neuen Rover und fuhr nach Hause. Unterwegs sah er einen Autounfall, stieg aus, zur Hilfe bereit. «Nein», sagte die Polizei, «alles erledigt. Fahren Sie nach Hause». Er tat wie befohlen. Gegen drei Uhr in der Nacht klingelte es – die Polizei war an der Tür. Ob man seinen Wagen nicht mal sehen könne. Ja, natürlich, murmelte er verschlafen. Er ging mit den Polizisten zur Garage und sah – einen gelb-weisen Rover mit Blaulicht. An der Unfallstelle war er in den falschen Wagen gestiegen.

Mann erschiesst sein Auto

(Leipziger Volkszeitung) Autofahrer in Spring Hill im US-Staat Tennessee dachten wohl, sie seien im falschen Film: An der Straße stand ein mit einem Sturmgewehr bewaffneter Mann und schoss auf sein Auto. Die Polizei stellte fest, dass der Schütze über eine Panne so aufgebracht war, dass er gleich drei Magazine zu je 30 Schuss in sein 1998er Oldsmobil feuerte.

Findig

(Münchner Merkur) In Oberbayern versuchte ein Autofahrer vergeblich, seinen liegengebliebenen Wagen wieder in Schwung zu bringen. Ein Neunjähriger kam die Straße entlang und hatte im Handumdrehen den Fehler gefunden. Der von dieser Leistung überwältigte Autofahrer fragte den Steppke, warum er nicht in der Schule wäre. «Zu uns kommt heute der Schulrat. Da hat mich der Lehrer nach Hause geschickt, weil ich der Dümmste in der Klasse bin.» – Der Autofahrer war der Schulrat.

Super-Ausreden

(Münchner Polizeiberichte) Ein Münchner Geschäftsmann fuhr mit stark überhöhter Geschwindigkeit durch einen Tunnel. Am Ausgang wartete bereits eine «Radar-Streife», die ihn stoppte. Folge: Ein Monat Führerschein weg, Geldstrafe, Punkte in Flensburg. Und dies alles trotz seiner genialen Ausrede: «Ich hörte gerade den Börsenbericht, der brach plötzlich ab; ich musste daher aufs Gas drücken, um schnell aus dem Tunnel zu kommen, um die Börsenkurse mitzukriegen!» Dies erinnert an ähnliche Super-Ausreden anderer Verkehrssünder. Der eine meinte: «Ich musste so schnell fahren, um einen Stein aus dem Reifenprofil heraus-

zuschleudern!» Nicht schlecht war auch das: «Ich glaubte, ich werde von einem Gangster verfolgt!» Oder: «Ich wollte meinen im Koma liegenden Wellensittich so schnell wie möglich zum Tierarzt bringen!» Oder: «Ich musste schneller fahren, um durch den Luftzug die Biene aus dem Auto zu kriegen.» Oder: «Mein Beifahrer ist Vorbeter in einer Moschee. Weil die Gebetszeit im Fastenmonat Ramadan bevorstand, hatte ich keine Zeit gehabt, zu halten.» Die Krönung ist allerdings diese Version: «Ein großer Lastwagen fuhr vor mir, durch die Saugwirkung wurde ich bei Rot über die Kreuzung gezogen!»

Liebespaar versank im See

(Abendzeitung) Unsanft wurde ein Liebespaar in Oberbayern aus seinem romantischen Abenteuer gerissen: Mit einem VW-Passat war das Pärchen zu einem See gefahren, hatten direkt am abschüssigen Ufer geparkt. Mitten im Liebesspiel begann das Auto langsam zu rollen – der junge Mann hatte vergessen, die Handbremse anzuziehen. Erst als die Vorderräder schon im Wasser untergingen, bemerkten die beiden, was los war und konnten sich in letzter Sekunde retten. Da standen sie nun, fast ohne Kleidung, und mussten zusehen, wie das Auto langsam unterging. Noch schlimmer: Sie mussten Passanten erklären, was passiert war und um Hilfe

bitten. Das Auto musste später von der Feuerwehr geborgen werden.

Adler verlor Fisch

(FAZ) Bob Ringewold aus Chicago lieh sich ein PKW bei einem Autovermieter. Als er das Auto nach einigen Tagen wieder zurückbrachte, reklamierte der Vermieter eine große Delle auf dem Dach den Autos. Als er am Ufer des Michigan-Sees entlang fuhr, habe ihn ein Adler mit einem Fisch bombardiert. Der Vogel sei mit seiner Beute über ihn hinweggeflogen, «und dann rummste es», berichtete Ringewold. Als Beweis brachte er den Fisch gleich mit. Der Vermieter Rick Ireland glaubte dem Kunden: «Das ist so verrückt, so etwas denkt sich keiner aus!»

Er küsste sein Auto

(Die Welt) In Birmingham war es zwanzig Grad unter Null. Ein Autofahrer wollte morgens sein Türschloss enteisen. Er kniete nieder und hauchte den warmen Atem ins Türschloss – und schon waren seine Lippen am Metall festgefroren. Viele Passanten eilten an dem Mann vorbei, der in dieser knieenden Haltung vor seinem Wagen verharrte. Erst als ein Kind seine Mutter rief: «Guck mal,

Mutti, der Mann küsst sein Auto», wurde es dem klebenden Autofahrer zu bunt. Er trennte sich mit Gewalt von seinem Auto und ein paar Stückchen seiner Lippenhaut.

DEN TÜV AUSGETRICKST

(Eigen-Bericht des Studenten) In den 60er Jahren waren die TÜV-Einrichtungen – vor allem auf dem Lande – noch nicht mit den elektronischen Prüfsystemen versehen wie heutzutage. Im badischen Bruchsal kam ein Student mit einem klapprigen Vorkriegsauto, DKW F7, zum dortigen TÜV. Der Prüfer setzte sich ans Steuer, dann fuhren die beiden auf eine Umgehungsstraße, der Prüfer schrie: «Festhalten!» und trat mit Karacho auf die Bremse. Dann stieg er aus, betrachtete die Bremsspur und meinte: «Mit diesen Bremsen kommen Sie nicht durch den TÜV!» Der Student hatte aber kein Geld, um neue Bremsen einbauen zu lassen. Also versuchte er es mit einem Trick. Nach einer Woche ging er wieder zum TÜV und behauptete, die Bremsanlage sei gerichtet. Der Prüfer setzte sich wieder ans Steuer und das gleiche Bremsritual begann. Dann stieg er wieder aus, prüfte sie Reifenspur und sagte zu dem Student: «Sehen Sie, mit neuen Bremsen sieht das doch ganz anders aus!»

Er wollte die Radarkontrolle reinlegen

(Münchner Merkur) In Niederbayern wurde Alfred P. auf dem Nachhauseweg geblitzt. Nachdem er schon öfter zu schnell fuhr und entsprechend viele Punkte in Flensburg hatte, wollte er sich rächen: Er klebte vorn und hinten die Kennzeichen zu, klappte die Sonnenblende herunter, zog zur Sicherheit noch eine Mütze tief ins Gesicht, dann raste er an der Radarkamera vorbei. Das ganze wiederholte er einige Male.

Mit Entsetzen musste er paar Tage später dennoch den gesalzenen Strafbefehl lesen. Eines vergaß er in seiner Rage: Seine Frau hatte ihm zum Geburtstag ein Kissen für die Hutablage genäht. Besonders gut war ihr die Stickerei der Kennzeichen-Nummer gelungen.

BMW blinkte unter Wasser

(tz) Manfred und Margit B. aus Deggendorf/Oberbayern versenkten ihren BMW in der Donau und meldeten dann den Wagen bei Polizei und Versicherer als gestohlen. Sie hatten doppeltes Pech: Einmal war der Strom an dieser Stelle nicht tief genug, zum anderen leuchtete noch am Fahrzeug der Warnblinker. Ein Donauschiffer wunderte sich über das Blinklicht unter Wasser und entdeckte das Auto. Ergebnis der dämlichen Aktion: Anklage vorm Gericht wegen versuchten Betrugs und Vortäuschung einer Straftat.

«Auto fert noch gut»

(dpa) Zweieinhalb Jahre nach einem Autodiebstahl an einem Essener Kaufmann meldete sich der Autodieb beim Eigentümer. Der Unbekannte schrieb: «Auto fert noch gut». Er meldete gleichzeitig seine Rückkehr an, sollte der Wagen einmal nicht mehr fahren: «Wenn kaputt, ich holen neus.»

(Max Schautzer: «Pleiten, Pech & Pannen», Zeitgeist-Verlag) Einen dreisten Autodieb erlebte auch Hermann S., dessen Wagen mit Telefon gestohlen wurde. Herr S. wählte die Nummer, um den Dieb ins Gewissen zu reden, das Luxusauto zurückzugeben. Tatsächlich meldete sich der Gauner am anderen Ende. Dieser hatte aber andere Sorgen und fragte frech zurück: «Braucht der Wagen Super oder reicht Normalbenzin?»

Fundsache

(Neustadter Zeitung) Ein Ehepaar fuhr mit dem Auto von Speyer in Richtung Neustadt. Unterwegs erblickten sie einen am Straßenrand mutterseelenallein stehenden Grill. Der Mann stoppte: «Das können wir brauchen!» Er rollte zurück und lud das Gestell in den Kofferraum, weil weit und breit kein Besitzer zu sehen war. Doch die Fahrt währte nur kurz. Polizei brauste daher, stoppte die beiden Leute,

die natürlich sofort ein schlechtes Gewissen bekamen. «Wir wollten den Grill nicht behalten», beteuerte die Ehefrau, «sondern ihn aufs Fundbüro bringen.» «Was heißt hier Grill», stöhnten die Ordnungshüter, «das ist unser Radargerät!»

Geldregen auf der Autobahn

(AP) Ein Geldregen auf der Innsbrucker Autobahn hat ein Verkehrschaos ausgelöst: Ein deutscher Gastwirt hatte nach einem Halt auf einem Parkplatz seine Mappe mit 50 000 DM vergessen. Auf der Weiterfahrt flatterten die Banknoten durch die Luft – nachfolgende Fahrer stoppten und sammelten freudig ein …

Sie verstanden «Alberne Ziege»

(Die Welt) Zum Glück blieb er unverletzt, als ihm eine Frau die Vorfahrt nahm und ihn rammte. Das änderte sich, nachdem er ausgestiegen war und sich mit seinem vollem Namen vorgestellt hatte. Die Frau fühlte sich beleidigt und ihr ritterlicher Beifahrer brach Albert Ziege mit einem Faustschlag das Nasenbein …

Gedankenlos

(Le Figaro) «Cherie, der Handschuhkasten ist abgeschlossen. Gib mir doch mal den Autoschlüssel.» Höflich, aber gedankenlos erfüllte der französische Ehemann den Wunsch seiner Frau. Er zog den Schlüssel aus dem Zündschloss. Und das bei Tempo 130 auf der Autobahn Paris-Lyon. Dann kam eine Kurve, das Lenkradschloss rastete ein. Der Wagen knallte erst gegen die Leitplanke, dann in eine Böschung. Glück im Unglück: Das Paar erlitt nur Prellungen.

Zu früh geehrt

(Trierischer Volksfreund) In Trier erhielt ein bekannter Geschäftsmann der Stadt eine besondere Auszeichnung für 40 Jahre unfallfreies Fahren, die ihm vom Bürgermeister persönlich überreicht wurde. Nach dem Festessen, das der Geehrte den zahlreichen Gästen gab, fuhr der Mann nach Hause. An der ersten Kreuzung missachtete er die Vorfahrt und baute einen kapitalen Unfall.

Dumm gelaufen

(New Observer, Sydney) «Mit einem brennden Streichholz wollte sich Edward Brever gestern abend

davon überzeugen, ob noch Benzin in seinem Tank sei. Es war welches drin. Die Beerdigung von Mister Brewer findet übermorgen auf dem Zentralfriedhof statt.»

Raucherrisiko

(R. Lembke: »Heiteres aus dem Papierkorb der Weltpresse», Langen-Verlag) Auf einer südbadischen Straße geriet ein Auto ins Schleudern. Der Wagen überschlug sich, doch der Fahrer kroch unversehrt aus den Trümmern heraus. Aufatmend zündete er sich eine Zigeratte an und warf das Streichholz achtlos fort. Im Krankenhaus kam er wieder zu sich. Das Streichholz war genau im zerrissenen Tank des Wagens gelandet.

Frau verloren

(Auto-Bild) Ein Autofahrer war aus der Westschweiz mit seinem Wagen und Wohnanhänger auf einen Autobahnparkplatz eingebogen, um eine Zigarettenpause einzulegen. Seine Frau, die im Wohnwagen geschlafen hatte, glaubte an einen längeren Aufenthalt und verschwand hinter den Büschen. Nach einigen Minuten drückte der Mann seine Zigarette aus und fuhr ohne sie weg. Zum Glück bot ihr einige Zeit später ein Motorradfahrer seine Hilfe an.

Nach einer Verfolgungsfahrt holte er Auto und Wohnwagen ein. Die «Übergabeformalitäten» gerieten allerdings zu Tätlichkeiten, da die Frau ihren Mann mit den Schuhen attackierte und verletzte.

Kopfnuss

(Hamburger Morgenpost) Im dichten Nebel fuhren zwei Autofahrer auf einer Landstraße bei Gütersloh langsam aufeinander zu. Sie hatten jeweils die Köpfe aus dem Auto gesteckt, um sich am Mittelstreifen zu orientieren. Als sie sich begegneten, knallten sie mit ihren Köpfen zusammen und kamen ins Krankenhaus. Die Polizei: «Die Fahrzeuge blieben unbeschädigt.»

Fotobeweis

(dpa) Ein Autofahrer in England, der mit überhöhter Geschwindigkeit in eine Radarfalle geraten war, erhielt von der Polizei das beweiskräftige Foto zusammen mit einem Bescheid über eine Geldbuße von 40 Pfund. Er antwortete ebenfalls mit einem Bild: Er schickte ein Foto von einem Scheck über den verlangten Betrag. Ein paar Tage später kam die Antwort von der Polizei: ein Foto von einem Paar Handschellen. Erst dann wurde der schnelle Autofahrer einsichtig und überwies das Bußgeld.

Blauäugig

(‹An Nahar›, Libanon) Opfer seiner Gutgläubigkeit ist in Libanon ein Mercedesbesitzer geworden, der die Alarmanlage seines Wagens auf Wunsch von Autodieben abstellte. Die drei Männer hatten zunächst vergeblich versucht, den Wagen zu stehlen. Sie wurden stets von der lauten Alarmanlage in die Flucht geschlagen. Schließlich verkleideten sich die drei Diebe mit Schlafanzügen. Bei einem nächtlichen Besuch erklärten sie dem Besitzer, dass das beständige Jaulen der Alarmanlage sie am Schlaf hindere. Der Besitzer fiel auf den Trick herein und stellte die Alarmanlage prompt ab. Am nächsten Morgen war der Mercedes verschwunden.

Glücks-(Un)fall

(Hessisch Niedersächsiche Allgemeine) Eine Frau in Ulm verschluckte sich beim Abendessen und ein Stück ihres Schnitzels blieb im Hals stecken. Sie bekam keine Luft mehr und drohte zu ersticken. Ihr Ehemann fuhr sie schnell ins nächste Krankenhaus – in seiner Hektik baute er unterwegs einen Auffahrunfall. Zum Glück: Denn durch den Crash hüpfte der Bissen wieder aus der Luftröhre.

LIEBESPAAR KLEBTE ZUSAMMEN

Neues von der Sexfront

Gleiche Welle

(Die Woche) Ein evangelischen Pastor aus San Francisco fand ein probates Mittel gegen seine Impotenz: Er ließ sich zur Verstärkung ein elektronisches Implantat ins Glied verpflanzen. Es funktionierte auch außergewöhnlich gut. Der Pastor musste nur im Bedarfsfall auf einen außenliegenden Knopf drücken. Der Pastor war happy – bis zu dem Tag, als sich seine Nachbarin ein elektronisches Garagentor zulegte. Jedesmal wenn die Dame ihr Garagentor mit ihrer Fernbedienung öffnet oder schließt, reagiert des Pastors getuntes Sexualorgan mit einer Erektion – Pastor und Garagentor haben diesselbe Wellenlänge …

Sex-Rabatt

(Spiegel) Schadensersatz forderte ein Münchner Tourist, der auf einer griechischen Insel einen 14tägigen Urlaub gebucht hatte. Da es dort nur zwei Einzelbetten statt eines Doppelbettes gab, wollte er eine 20%ige Ermäßigung des Reisepreises erwirken. Grund: Die Unterbringung in diesem Zimmer bedinge einen «unharmonischen Intimverkehr». Da kam er aber bei dem Richter an den Richtigen. Die Mängelrüge («kein friedliches Beischlaferlebnis») überzeugte den gar nicht. Die Betten, so der Richter, hätten mit einer Schnur oder

ähnlichem verbunden werden können: «Sie hätten auch Ihre Hosenträger verwenden können, die haben Sie ja gerade nicht gebraucht!»

Eichhörnchen verfolgen Homo

(Die Welt) Die Vibrationen eines Minisenders, mit dem sich Homosexuelle im Vorbeigehen erkennen sollen, haben bei einem ersten Praxis-Test in London zu unerwarteten Kontakten geführt – eine Horde Eichhörnchen verfolgte die Testperson.

Viagra und kein Ende

(dpa) Ein Frührentner aus Bukarest opferte ein Vermögen, um sechs Viagra-Tabletten zu erstehen. Damit und mit zwei jungen Frauen wollte er eine richtige Orgie veranstalten. Doch er versank in tiefem Schlaf, weil sich die Pillen als Schlaftabletten entpuppten. Zudem stahlen ihm die zwei Mädchen sein restliches Geld.

(AFP) In Saudi-Arabien verklagte eine Ehefrau den Vertreiber von Viagra, weil ihr Ehemann nun eine zweite Frau heiraten wollte. Und dies nach 35 Ehejahren. Da ging die Frau vor Gericht. Sie forderte den Richter auf, dem Ehemann sowohl die Einnahme des Mittels als auch die Heirat mit der jungen Frau

zu verbieten. Der Richter fällte ein salomonisches Urteil: Der Ehemann darf die Pille nur nach ärztlicher Verschreibung zu sich nehmen.

(Berliner Morgenpost) Ein Holländer musste in Alicante stationär behandelt werden, weil er nach drei Viagra-Potenzpillen 36 Stunden lang an einer Dauer-Erektion litt.

(epd) In Dinslaken am Niederrhein bedrohte ein 67-jähriger Rentner eine Apothekerin mit einer Pistole, weil sie ihm kein Viagra geben wollte. Der Mann hatte kein Rezept. Er schoss in die Decke und die eingeschüchterte Frau rückte das Mittel heraus. Der Rentner bezahlte.

BUSEN-TRAUMA

(Abendzeitung) Paul Shimkonis machte Urlaub in Florida. Abends ging er mit Freunden ins Stripperlokal. In diesem Club trat auch eine Striptease-Tänzerin mit einer ausladenden Oberweite (140 cm) auf. Besser gesagt mit einer schlagenden. Denn die Stripperin haute dem Besucher ihre Brüste so um die Ohren, dass dieser angeblich ein Schleudertrauma erlitt: «Es war, als ob mich Zementblöcke getroffen hätte. Ich ging fast k.o. dabei, sah lauter Sterne!». Er klagte auf Schmerzensgeld in Höhe von umgerechnet fast 30 000 Mark. Ganz Amerika war über diese Story «amused».

Babysitter auf Abwegen

(Die Welt) Die Engländerin Joane Kendall wollte ihrer 20-jährigen Nachbarin helfen und schickte ihren 14--jährigen Sohn zum Babysitten. Doch der muss den Auftrag wohl falsch verstanden haben: Denn er vergnügte sich mit der Mutter des Babys, die prompt schwanger wurde.

Panik auf der Liebescouch

(Abendzeitung) Beim Liebesspiel mit John Jeffrey klebte Joanne Davies am besten Stück ihres Freundes. Sie hatte gerade die zu Bruch gegangene Gitarre ihres Sohnes mit einem Superkleber geleimt – und vergessen, sich die Hände zu waschen: Panik auf der Couch! Hastig zog sich das zusammengeklebte Liebespaar an und fuhr zum nächsten Krankenhaus im englischen Kempston. Joanne, mit der Hand in der Hose ihres Freundes: «Im Hospital brachen alle in Lachen aus!» Verschämt baten sie um Hilfe. Ein Arzt schickte die beiden in einen Nebenraum und stellte ihnen einen Eimer mit lauwarmen Seifenwasser hin. Joanne: «Nach drei Stunden löste sich der Kleber endlich.»

Zunge, komm bald wieder

(dpa) In Taiwan hatte eine Vertreterin des horizontalen Gewerbes ihren Freiern mittels geschickten Zungenschlags Schlaftabletten verabreicht, um sie danach bis auf Socken und Unterhosen auszuplündern. Der hinterhältige Kuss flog auf, als ein wohlhabender US-Tourist partout keinen Kuss haben wollte, sie aber allzu beharrlich den Lippenkontakt erzwingen wollte.

(Abendzeitung) Ein Kussversuch anderer Art kam einem Playboy in München teuer zu stehen. Auf einer Party wollte er unbedingt ein Schöne küssen – da streckte ihn ein gekonnter Aufwärtshaken zu Boden. Was er nicht wusste: Die attraktive Dame hatte sich gerade einer Geschlechtsumwandlung unterzogen – in ihrem früheren Leben war sie Möbelpacker.

Fesselndes Erlebnis

(AP) Die diskrete Hilfe der Polizei erbat ein 52-jähriger Geschäftsmann in Düsseldorf. In Begleitung einer 23-jährigen Frau betrat er eine Wache in der Altstadt und präsentierte den überraschten Beamten seine mit Handschellen gefesselten Handgelenke. Seine «Domina» habe bei Sexspielen den Schlüssel verloren. Die Polizisten probierten zunächst alle

Schlüssel ihrer eigenen Handfesseln aus – erfolglos. Schließlich musste ein Bolzenschneider organisiert werden, um den Mann zu befreien.

Richtig aufgeklärt – falsch verhütet

(AFP) In einer abgelegenen chinesischen Provinz startete die Lokalbehörde einen umfangreichen Feldzug zugunsten der Empfängnisverhütung. In zahlreichen Informationsveranstaltungen wurden die einzelnen Methoden erläutert. Gefruchtet hatte die Aktion allerdings wenig: Nach einer späteren Kontroll-Umfrage stellte sich heraus, dass 79 Prozent der verteilten Antibabypillen von den Männern eingenommen wurden und dass gar 98 Prozent der männlichen Chinesen ihre Präservative so trugen, wie es in den Vorführungen demonstriert wurde – einfach über den Finger gestülpt.

Daneben gegangen

(dpa) Im Londoner Hyde Park liebte sich ein Paar zu heftig im Auto. Durch die Enge verrenkte sich der Liebhaber den Lendenwirbel. Es lag bewegungsunfähig auf der Dame seines Herzens. Fußgänger riefen die Feuerwehr, die aber den Nackten nicht aus dem Auto ziehen konnte. Schließlich musste man mit Schneidbrenner und Blechschere das Dach des

Autos abtrennen. Als der gebeutelte Liebhaber im Notarztwagen lag, brach die Frau in Tränen aus – allerdings nicht aus Mitgefühl: sie wusste nicht, was sie ihrem Mann erzählen sollte, wenn er sein Auto sehen würde.

Peinlicher Verdacht

(Klintberg: «Der Elefant auf dem VW», Piper) Ein Mann ging zum Haareschneiden. Die junge Friseuse legte den Umhang um und wusch die Haare und fönte sie dann. Währenddessen holte der Mann seine Brille aus der Jackentasche hervor und begann sie geistesabwesend unter dem Umhang zu putzen. Plötzlich schlug die Frau ihm mit dem Fön auf den Kopf und schrie: «Schweinekerl!» Eiligst lief der Chef herbei: «Was ist los?». «Ich sitze da und putze meine Brille, da schlägt sie mir was auf den Schädel», sagte der Kunde. Die junge Frau wurde knallrot im Gesicht: «Entschuldigung, aber es hat so ausgesehen, als wenn er unter dem Umhang onanierte.»

Heisse Liebe

(dpa) Der junge Mann hatte das Frühstück zubereitet und die Kerze am Adventskranz angezündet. Doch dann wollte die junge Frau nicht aufstehen und verführte ihren Freund zu einem Schäfer-

stündchen. Die Liebe dauerte sehr lange, denn mittlerweile brannte der Adventskranz nieder und steckte die Wohnung in Brand. Folge: Gesamtschaden 64000 DM …

Mann vergewaltigt

(The Sun, London) Die Londoner Polizei hat einen Mann aus einem Hotelzimmer befreit, den zwei Frauen zur Einnahme von Viagra-Pillen und zum Sex gezwungen haben. Die beiden Blondinen hatten den Geschäftsmann in einem Londoner Nachtclub angesprochen und ihm ein Liebesabenteuer angeboten. Daraufhin seien die drei zu einem Hotel im Londoner Westen gefahren. Dort entpuppten sich die beiden Frauen den Angaben zufolge jedoch als gewalttätig. Sie hatten den 25-jährigen geknebelt, ihn ans Bett gefesselt, zur Einnahme des Potenzmittels Viagra gezwungen und ihn vergewaltigt. Er wurde am nächsten Morgen von der Polizei befreit, nachdem das Hotelpersonal an der Tür ein Schild mit der Aufschrift «Die Viagra-Verwaltigungs-Gang hat wieder zugeschlagen» bemerkte.

Kein Wort von Sex

(Die Woche) Eine Frau in Cincinnati klagte ihren 42-jährigen Nachbarn an, ihr seltenes Leiden ausge-

nutzt zu haben: Immer wenn sie das Wort «Sex» hört, wird sie bewusstlos. Der Nachbar habe ihr «Sex» ins Ohr geflüstert und sie missbraucht, als sie ohnmächtig war. Als im Prozess die Anklage verlesen wurde, sackte die Klägerin beim Stichwort zweimal zusammen.

Panne

(Donaukurier) Ein junger Autofahrer aus Tirol nahm eine Anhalterin mit. Nach wenigen Kilometern gab es eine Panne. Doch der herbeigerufene Abschlepp-Dienst kam erst nach Stunden – in der Nacht. Einige Monate später erhielt der junge Mann einen Brief seiner damaligen Begleiterin, der ein freudiges Ereignis ankündigte. Worauf der Pannenfahrer das Abschleppunternehmen zur Ersatzleistung heranziehen wollte. Seine Begründung lautete: «Wenn die Pannenhilfe doch früher eingetroffen wäre, hätte es sich nicht ereignen können …»

Wärter übertölpelt

(AFP) Mit einem feinen Trick hat eine Frau in Venezuela ihren Mann – einen Bankräuber – aus dem Gefängnis befreit. Mit einem Striptease vor dem Knastgebäude lenkte die Dame nämlich die

Blicke der Wärter auf sich, so dass die Flucht für den Ganoven kein Problem darstellte.

Termine geplatzt

(Aftonbladet, Schweden) Eine 34-jährige schwedische Prostituierte verklagte sechs Männer auf Schadensersatz, die ‹geschäftliche› Termine nicht eingehalten haben sollen. Sie verlange den gleichen Respekt wie ein Zahnarzt, bei dem für nicht rechtzeitig abgesagte Termine bezahlt werden müsse. Beweise für die telefonischen Terminabsprachen habe sie auf Tonband. Vor einiger Zeit hatte die Prostituierte bereits einen 35 Jahre alten Freier verklagt, der sich dann zu einer außergerichtlichen Einigung bereit fand.

Teurer Telefonsex

(AP) Müder Telefonsex ist einem 25-jährigen marokkanischen Hotelgast in Köln teuer zu stehen gekommen. Der Gast hatte von seinem Hotelzimmer aus die Nummer einer Telefonsexagentur gewählt, war dann aber trotz der Bemühungen der Dame am anderen Ende der Leitung mitten im offenbar nicht allzu erregenden Gespräch eingeschlafen. Als er aufwachte, erwartete ihn eine Telefonrechnung von annähernd 2.800 Mark. Da er diese Summe nicht zahlen konnte, rief der Hotelier die Polizei.

Busen als Betriebsausgabe

(dpa) Eine dänische Gunstgewerblerin konnte ihr Finanzamt davon überzeugen, dass die Vergrößerung ihres Busens als steuerliche abzugfähige Betriebsausgabe anerkannt wurde. Ihr Argument: Größere Brüste seien «Erwerbsaktiva» und somit Teil des «Produktionsapparates» …

«Luschtverluscht»

Ein schwäbischer Beamter, der mit seiner Frau schuldlos in einen Autounfall verwickelt war, stellte an den gegnerischen Kfz-Haftpflichtversicherer eine ebenso ungewöhnliche wie aussichtslose Forderung. Er schrieb wörtlich:

«Während des Aufenthaltes im Krankenhaus stand mir meine Frau als Ehepartner nicht zur Verfügung. Unser normaler Bedarf an ehelichem Verkehr ist wöchentlich im Durchschnitt zweimal. Da meine Frau aufgrund der körperlichen Schäden diesem Bedarf nicht nachkommen konnte, war ich gezwungen, mir auf dem freien Markt meinen Ausgleich zu suchen. Dies ist jedoch mit entsprechenden Kosten verbunden. Um auch nur annähernd an das Format meiner Frau heranzukommen, ist unter 150 DM nichts zu machen. Es ergibt sich daher aus dem oben Aufgeführten folgende Rechnung: Gesamtdauer des Krankenaufenthaltes meiner Frau: 7 Wochen; 2maliger Bedarf des körperlichen Ausgleichs p. Woche: 300 DM; Gesamtsumme für 7 Wochen: 2100 DM.»

BÜROKRATISCHES

Wenn der Amtsschimmel wiehert

«Bei zunehmender Dämmerung hat der Soldat alsbald mit Dunkelheit zu rechnen.»
«Bei Nacht wird das Sehen durch Dunkelheit erschwert.»
«Ab einer bestimmten Wassertiefe hat der Soldat mit schwimmartigen Bewegungen zu beginnen.»

BUNDESWEHR-DIENSTVORSCHRIFTEN

«Der Tod stellt aus versorgungsrechtlicher Sicht die ‹stärkste› Form der Dienstunfähigkeit dar.»

UNTERRICHTSBLÄTTER FÜR DIE BUNDESWEHRVERWALTUNG

«Es ist nicht möglich, den Tod eines Steuerpflichtigen als ‹dauernde Berufsunfähigkeit› im Sinne von § 16 Abs. 1 Satz 3 EStG zu werten und demgemäß den erhöhten Freibetrag abzuziehen.»

BUNDESSTEUERBLATT

«Es besteht ein Ausschluss für Schwangerschaften, deren Ursachen und Folgen.»
«Auf Versicherungen Neugeborener, die nach den Grundsätzen des § 13, Ziffer 4c zustande gekommen sind, finden die Bestimmungen der Ziffern 1 und 2 keine Anwendung.»

VERSICHERUNGSBEDINGUNGEN

«Ehefrauen, die ihren Mann erschießen, haben nach einer Entscheidung des Bundessozialgerichts keinen Anspruch auf Witwenrente.»

VERBANDSBLATT DES BAYERISCHEN EINZELHANDELS

«In Nummer 2 ist in Spalte 2 das Wort ‹Parkplatz› durch die Worte ‹Platz zum Parken› zu ersetzen.»
AUSSCHUSSEMPFEHLUNGEN ZUM BUSSGELDKATALOG

«Stirbt ein Bediensteter während der Dienstreise, so ist damit die Dienstreise beendet.»
KOMMEMNTAR ZUM BUNDESKOSTENREISEGESETZ

«Der Wertsack ist ein Beutel, der aufgrund seiner besonderen Verwendung nicht Wertbeutel, sondern Wertsack genannt wird, weil sein Inhalt aus mehreren Wertbeuteln besteht, die in den Wertsack nicht verbeutelt, sondern versackt werden.»
MERKBLATT DER DEUTSCHEN BUNDESPOST

«Hinter dem Begriff Meteorismus verbirgt sich eine zumeist der subjektiven Empfindung abdomineller Blähungsbeschwerden synonym verstandene klinische Symptomatik, die in praxi nur selten objektivierbar ist und damit häufig a priori dem Symptomenkomplex funktioneller Abdominalbeschwerden zugeordnet wird.»
DEUTSCHES ÄRZTEBLATT

«Das Lutschen eines Hustenbonbons durch einen erkälteten Zeugen stellt keine Ungebühr im Sinne von § 178 GVG dar.»
BESCHLUSS DES OBERLANDESGERICHTS SCHLESWIG

«Eine Pflanze gilt als befallen, wenn sich in ihr mindestens eine Schildlaus befindet, die nachweislich nicht tot ist.»

Der Hobbygärtner

«Zum guten Unterricht aber gehört immer ein Plan, der – vereinfacht gesagt – den Schüler von seinen individuellen Vorkenntnissen zur konsequenten gedanklichen Durchdringung der Post als Institution und als gesellschaftlichen Kommunikationsweg im Rahmen seiner altersgemäßen Fassungs- und Gestaltungskraft hinführt.»

Verlautbarung des
Kultur-Ministerium Baden-Württemberg

«… wurden die Worte ‹Sicherung und Besserung› durch die Worte ‹Besserung und Sicherung› ersetzt.»

Verordnung zum
Unterhaltsicherungsgesetz

Ein Münchner Unternehmer erhielt von der Verwaltungss-Berufsgenossenschaft per Post die Mitteilung, dass seine Firma mit Beginn des nächsten Jahres neu veranlagt wird. So weit, so gut. Damit der Mann die Nachricht ja auch kapieren sollte, kam der Bescheid in 3000-facher Ausfertigung. Die Postboten brachten die Briefe in acht Post-Verteilkästen mit Sackkarren, jeweils separat kuvertiert und ordnungsgemäß mit 1,10 frankiert.

Süddeutsche Zeitung

«Ausfuhrbestimmungen sind Erklärungen zu den Erklärungen, mit denen man eine Erklärung erklärt.»

Protokoll im Wirtschaftsministerium

«Margarine im Sinne dieser Leitsätze ist Margarine im Sinne des Margarinengesetzes.»

Deutsches Lebensmittelbuch

«Die Populationsdynamik von Tubifes tubifex im Profundal eines eutrophen Baggersees.»

Titel einer Doktorarbeit in der Uni Kaiserslautern

«Der Grusspflichtige hat den Grussberechtigten zuerst zu grüssen, es sei denn, der Grusspflichtige gibt dem Grussberechtigten zu verstehen, dass es sich erübrigt, beispielsweise dann, wenn der Grusspflichtige dem Grussberechtigten bereits zum dritten Mal am Tag begegnet.»

Aus dem Bundesgesetzblatt für die Europäische Union Republik Österreich vom 20. März 1998

«Ein Ehemann hat in der Regel seinen Wohnsitz dort, wo sich seine Familie befindet (BFH BStBl 85, 331). Ein Verschollener hat seinen Wohnsitz bei der Ehefrau (FG Düsseldorf EFG 58, 144).»

Kommentar zur Abgabenordnung von Klein/Orlopp

«An sich nicht erstattbare Kosten des arbeitsgerichtlichen Verfahrens erster Instanz sind insowiet erstattbar, als durch sie erstattbare Kosten erspart bleiben.»

Beschluss des Langesarbeitsgerichts
Rheinland-Pfalz

«Die Fürsorge umfasst den lebenden Menschen einschließlich der Abwicklung des gelebt habenden Menschen.»

Vorschriften der Kriegsgräberfürsorge

«Besteht ein Personalrat aus einer Person, erübrigt sich die Trennung nach Geschlechtern.»

Info des Deutschen
Lehrerverbandes Hessen

«Die einmalige Zahlung wird für jeden Berechtigten nur einmal gewährt.»

Gesetz über die Anpassung
von Versorgungsbezügen

«Welches Kind erstes, zweites, drittes Kind usw. ist, richtet sich nach dem Alter des Kindes.»

Bundesanstalt für Arbeit, Nürnberg

«Ein Wochentag ist im Prinzip jeder gesetzliche Feiertag, der auf irgendeinen Wochentag fällt, mit einer Ausnahme. Fällt ein Feiertag auf den Wochentag Sonntag, wird er als Sonn- und Feiertag und nicht als Wochentag bezeichnet. Im Sinne der AZVO ist also ein Wochentag ein Feiertag, der auf die Tage Montag bis einschließlich Sonnabend fällt.»

Erläuterung zur Arbeitszeitverordnung
Polizeidir. Schleswig-Holstein

«Auf welche Weise ist der Brand entstanden?»
«Während der Vorbereitung eines Beischlafs geriet wie von Zauberhand die Bettdecke in die 1,5 m neben dem Bett stehende Kerze.»
«Wurden Maßnahmen zur Minderung des Schadens unternommen?»
«Die Vorbereitungen zum Beischlaf wurden sofort unterbrochen!»

Brandschaden-Formular einer Versicherung

«Setzt der Täter mehrfach zur Tat an, ist Voraussetzung für die Annahme eines unbeendeten Versuchs, dass die vorausgegangenen, erfolglos gebliebenen Teilakte mit dem neuen Anlauf, auf den der Täter schließlich verzichtet hat, einen einheitlichen Lebensvorgang bilden.»

Urteil des Bundesgerichtshofs

«Kunstoff-Fenster mögen zahlreiche Vorteile haben, insbesondere in bezug auf Wartung und Pflege – Holz hat den Vorteil, nicht aus Kunststoff zu sein.»

Urteilsbegründung des Landgerichts München

«Wenn dieses Schild mit Schnee bedeckt ist, ist die Straße unbefahrbar.»

Schild im Hochmoor von Yorkshire

«Nach dem Abkoten bleibt der Kothaufen (anders wohl beim Hunde-Urin) grundsätzlich eine selbstständige bewegliche Sache, er wird nicht durch Verbindung oder Vermischung untrennbarer Bestandteil des Wiesengrundstücks, der Eigentümer des Wiesengrundstücks erwirbt also nicht automatisch Eigentum am Hundekot.»

Fallbeispiel der Deutschen Verwaltungspraxis

«Gewürzmischungen sind Mischungen von Gewürzen»

Deutsches Lebensmittelbuch

Der schwedische Gärtner Dannevik Nygaard hat auf Behördengeheiß 80 Kisten mit Gurken vernichten müssen, weil sie EU-Regeln zufolge zu gerade waren. Ein Kontrolleur der Lebensmittelaufsicht war bei einer Versteigerung in Helsingborg erschienen und hatte festgestellt, dass die meisten von Nygaards Gurken eine Beugung von weniger als zwei Zentimetern aufwiesen. Die EU-Regeln schreiben aber eine Beugung von mindestens zwei auf zehn Zentimeter Länge für die Klasse II vor.

Sydsvenska Dagbladet

«Ausbilder sind für die Ausbildung ausgebildete Mitarbeiter, die vom Ausbildenden beauftragt sind, Auszubildende auszubilden.»
Berufsausbildungsgesetz Hamburg

«Persönliche Angaben zum Antrag sind freiweillig. Allerdings kann der Antrag ohne die persönlichen Angaben nicht weiterbearbeitet werden.»
Formular im Postgirodienst

«Als Vollgeschosse gelten Geschosse, die nach landesüblichen Vorschriften Vollgeschosse sind oder auf ihre Zahl angerechnet werden.»
Bundesbaugesetz

«Gerät ein Kfz in einem geschlossenen Raum in Brand, so ist es ins Freie zu ziehen oder zu schieben, wenn es nicht gelingt, den Brand an Ort und Stelle zu ersticken.»
Brandschutz-Merkblatt der Post

DAS GEBISS IM ALLIGATOR

Reiseerlebnisse der anderen Art

Pechserie auf Mallorca

(Kölner Stadtanzeiger) Der Kölner Tourist Peter S. stieß in seinem Appartement auf Mallorca erst mit der Stirn an den Kleiderschrank. Er ging ins Badezimmer, setzte sich auf einen Hocker und presste ein nasses Tuch an die Stirn. Der Hocker kippte um und der Urlauber fiel mit dem Hinterkopf gegen die Wand. Halb betäubt setzte er sich auf den Klodeckel. Dieser zerbrach und Peter S. glitt in das Becken. Von dort musste er regelrecht befreit werden. Als man ihn die Hoteltreppe runterschleppte, rutschte er aus und fiel die Treppe herunter.

Crash mit einem Kaiman

(SZ) Ein deutscher Tourist wanderte durch die Sumpfgebiete von Florida. Auf einer Brücke, die über einen Teich mit Alligatoren führt, musste er niesen. Dabei fiel sein Gebiss ins Wasser. Er war entsetzt. Was tun? Mutig sprang er hinterher – direkt auf einen Kaiman. Die Echse biss zu, erwischte ihn am Bein und zog ihm die Hose aus. Mit viel Glück und ohne Hose konnte er sich an Land retten.

Ein Kreuz mit den Touristen

(Eigenbericht) In den 70er Jahren fuhren zwei Familien in einem Auto durch den Pelepones. Aus Platzmangel hatten sie ihr Gepäck in einen großen schwarzen Dach-Koffer, wie sie damals in Mode gekommen waren, verstaut. Als sie in ein abgelegenes Dorf kamen, fiel ihnen auf, dass die Bewohner ungläubig nach ihnen schauten. Im nächsten Dorf bekreuzigten sich die Leute gar, manche schlossen abrupt die Fenster ihres Hauses – im nächsten Dorf das gleiche Ritual. Endlich begriffen sie: Die Leute hielten den langgestreckten schwarzen Ski-Case auf dem Autodach für einen Sarg.

Die Spinne im Geschwür

(Arbeiterblad, Bergen) Eine Norwegerin bemerkte an ihrer rechten Wange ein Geschwür. Sie war erst vor kurzem von einem Urlaub in den Tropen zurückgekehrt. Der sie behandelnde Arzt schätzte das Geschwür als «nicht ernst» ein und verschrieb der jungen Frau eine Salbe. Das Geschwür jedoch wuchs und wuchs, und als die Frau eines Morgens vor dem Spiegel stand, um es zu überschminken, brach es auf und lauter kleine Spinnen krabbelten heraus.

Zocker der Lüfte

(Spiegel) Ein Geschäftsmann flog mit der Fluggesellschaft LTU von Lanzerote nach Deutschland zurück. Da gerieten einige Tropfen Tomatensaft aus einem defekten Plastikbecher auf das T-Shirt seiner Frau. Mit einem nassen Tuch behob die Stewardess den Schaden. Der Ehemann behauptete später, durch die nassen Tücher habe sich seine Frau eine Erkältung zugezogen, mehrere Tage sei sie für seinen Betrieb arbeitsunfähig gewesen. Der Zocker forderte Ersatz für Verdienstausfall und Schmerzensgeld – insgesamt 1807 Mark.

Vor Gericht blitzte er natürlich ab.

Das ging auch einem anderen Tourist so, der sich über «ohrenbetäubenden nächtlichen Lärm» beschwerte, der ihm den Schlaf geraubt hätte. Wie es sich später herausstellte, störte den Mann des Nachts nur eines – das Rauschen des Meeres.

Fatale Verwechslung

(Die Welt) Einem Zürcher Ehepaar lief in Hongkong ein Hund zu. Als Tierfreunde nahmen sie den Hund überall mit. Eines Abends gingen sie in ein Restaurant. Sie wollten dem Kellner erläutern, dass auch der Hund etwas zu fressen haben sollte und machten «Essgesten». Der Kellner nickte verständnisvoll und nahm das Tier mit in die Küche

Das Paar ging davon aus, dass der Hund dort was zu fressen bekäme. Nach einer Weile kam der Kellner mit einer großen, zugedeckten Platte: Als er den Deckel hochnahm, lag da der zugelaufene Hund, gebacken, mit Pfeffersoße und Bambussprossen garniert. Die beiden Eheleute verließen unter Schock das Lokal …

Arabisches Marketing

(Augenzeugenbericht) Ein Ehepaar aus Köln unternahm eine Trekking-Tour in Südmarokko. Eines Tages landeten sie in einem total abgelegenen Wüsten-Kaff, in dem es einen Mini-Basar gab. Doch ein Händler erkannte mit geschultem Blick gleich die möglichen Käufer und lockte das Ehepaar mit den Worten: «Du gucken. Hier billiger als bei Aldi!»

Ratte an Bord

(dpa) «Wir haben einen blinden Passagier an Bord, wir fliegen zurück!» – Mit dieser Durchsage erschreckte der Condor-Kapitän seine Fluggäste. Die Crew sammelte das Essen wieder ein und teilte Getränke aus. Die Chartermaschine, die nach Las Palmas sollte, drehte um – Richtung München. Dann erfuhren die Reisenden, was es mit dem blinden Passagier auf sich hatte: Es war eine Ratte, die

im Kabelbereich im Heck gesichtet wurde – der Pilot wollte kein Risiko eingehen. Die Ratte hätte ein Kabel durchbeissen können.

Er fand ein Haar

(Bericht der Münchner Studioinhaberin) Ein reicher Scheich kam jeden August nach München – in Begleitung von einigen attraktiven, jungen Frauen. Diese wurden jedesmal in ein Kosmetikstudio geschickt – zur totalen Haarentfernung. Das heisst, außer dem Kopfhaar durfte kein einziges Körperhaar übrig bleiben. Das Studio wurde exklusiv für die Damen des Scheichs belegt, ein Leibwächter wartete draussen vor der Tür. Die Inhaberin des Studios wurde jedesmal großzügig für ihre penible Arbeit honoriert. Nach einer Session mit 13 (!) Damen kam jedoch ein Reklamations-Anruf des Haremsbesitzers. Er hatte bei seiner blonden Lieblingsfrau tatsächlich noch ein Haar gefunden. Empört über diese Nachlässigkeit beschimpfte er die Studiobesitzerin auf übelste Weise und kündigte die jahrelange Verbindung mit dem Kosmetiksalon …

Spar und Flieg

(dpa) Auf den Totalausfall einer Chartermaschine reagierten die 148 Passagiere eines Billig-Charter-

flugs von Glasgow nach Ibiza mit vorbildlicher Gelassenheit. Statt in Panik auszubrechen und nach Hilfe zu schreien, wurde weiter geplaudert, getrunken und gedöst. Erst nach der dramatischen und glücklichen Notlandung kam es auf dem Flugplatz der Baleareninsel zu etlichen Schock- und Tobsuchtsanfällen. Die schottischen Passagiere hatten verständnisvoll angenommen, man habe die Triebwerke abgeschaltet, um Sprit zu sparen.

(dpa) Von einer möglichen Gefahr wurden auch die Passagiere eines anderen Flugs in Japan nicht informiert. Dort ging ein Fluggast in die Kanzel, griff sich eine Stewardess, setzte ihr eine Pistole an die Schläfe und sagte: «Das ist eine Flugzeugentführung!» Man solle nach Kyoto fliegen. «Aber mein Herr», sagte gelassen der Kapitän, «dies ist ein Inlandsflug nach Kyoto!»

(dpa) Startklar war eine Maschine auf dem Airport in Bangladesh. Das einzige, was irritierte, war das heftige Klopfen an der geschlossenen Flugzeugtür. Aber das ignorierten die beiden Stewards. Erst als das Geräusch immer polternder wurde, schaute man nach: Da stand eine einsame Figur auf der Rolltreppe – der Pilot.

Aus dem 00 gezerrt

(ap) Raviv Laor verklagte die Air France auf 5.1 Millionen Mark Schadensersatz. Der Passagier saß auf der Flugzeugtoilette, als plötzlich aus Versehen der Rauchmelder losging. Daraufhin riss ein Steward die Türe auf und zerrte ihn unnachsichtig nach draußen. «Ich hatte das Klopapier noch in der Hand, als der Typ meinen Arm packte», sagte Laor. «Ich war von der Taille abwärts nackt. Die Leute konnten mich eindeutig so sehen!»

«DU NIX RUMLIEGEN!»

Vom Mensch zu Mensch

Telefonterror vom Finanzamt

(Eigenbericht des Verlobten) Die Verlobte eines Münchner Rechtsanwaltes kellnerte schwarz und hatte ständig Angst, das Finanzamt könnte dahinter kommen. Eines Tages rief ihr Verlobter, der perfekt andere Stimmen imitieren konnte, bei ihr an und gab sich als Finanzinspektor Alois Hinterhuber vom Finanzamt I aus. Im perfekten Bürokratendeutsch rechnete er ihr vor, dass diverse Steuer-Prüfungen in Gaststätten einen Steuerrückstand von genau 635,34 DM ergeben hätte. Die völlig verdatterte Frau schöpfte keinerlei Verdacht. «Es gibt aber in Ihrem Fall ausnahmsweise eine befristete Lösung», beschwichtigte der «Beamte» und nannte ihr ein Sonderkonto, auf das sie die genannte Summe umgehend einzahlen sollte. Die dankbare Frau überwies den Betrag sofort auf das besagte Sonderkonto – es war nichts anderes als die Kontoverbindung ihres Verlobten. Als der Rechtsanwalt den Scherz auffliegen ließ, löste die immer noch geschockte Frau standepede die Verlobung.

Verspätung

(FAZ) Eine 21-jährige Frau aus Guinea klagte nach der Geburt von Zwillingen über Beschwerden und lief zum 23 km entfernten Missionshospital. Dort schenkte sie einem dritten Kind das Leben.

Schamfrist

(tz) Ein Münchener Polizist sah beim Joggen den gekenterten Kanuten eines Schülerteams. Der 13-jährige Holger kam aus der Wasserwalze vor einem Wehr nicht mehr frei. Mitschülerinnen standen hilflos dabei. Mit einer Leine zog der Kriminaler den Bub ans Ufer, doch der wollte nicht aus dem Wasser – der Mädchen wegen: Der Strudel hatte ihm die Badehose abgestreift …

Liebesleid

(dpa) Zärtlich knabberte Colin (22) am Ohr seiner Freundin. Plötzlich musste er krampfhaft schlucken – er hatte den Ohrring verschluckt. In der Klinik, die er dann aufsuchte, war er die große Lachnummer. Man gab den Zimmerbewohnern Schlaftabletten, damit sie schliefen und ihn nicht dauernd aufzogen.

Non olet

(AP) Ein Koblenzer musste in einem IC dringend auf die Toilette. In seiner Unterhose transportierte er – aus Angst vor Taschendieben – 23 000 DM mit. Er wollte in Braunschweig ein Auto kaufen. Im WC hatte er nicht mehr an das Geld gedacht. Beim Niedersitzen fiel es heraus und «verschwand durch

die offene Toilettenklappe», berichtete ein Sprecher des Bundesgrenzschutzes. Der verzweifelte Bahnkunde hatte das Geld schon abgeschrieben, meldete dennoch den Vorfall. Und in der Tat: BGS-Beamte fanden später das Geld.

(AP) Ähnliches Glück hatte eine 90-jährige Frau aus Erfurt, die 40 000 DM in verschiedenen Kleidungsstücke versteckt hatte. Als sie in ein Heim eingewiesen wurde, kamen die Sachen als Kleidungsspende zum Roten Kreuz. Dort fanden zwei Zivildienstleistende das Geld beim Sortieren.

FALSCHE TÖNE

(dpa) Der Pfarrer einer Kirche im Schwäbischen erhielt eine drahtlose Mikrofon-Anlage. Am ersten Sonntag drückten ihn während des Gottesdienstes unliebsame Blähungen – Ergebnis eines großen Bohneneintopfs vom Vorabend. Da die Gemeinde gerade ein Lied angefangen hatte, wollte er kurz durch die Sakristei Richtung Toilette verschwinden. Allerdings hatte er vergessen, das Mikro auszuschalten. Die Gläubigen hörten dann bei der Direktübertragung Töne, die sie so noch nie von ihrem Pfarrer gehört hatten …

(dpa) Ähnliche Windprobleme hatte eine Frau, die in einer Konditorei einen Kuchen gekauft hatte.

Nachdem sie bezahlt hatte, kniff sie die Backen zu und raste zu ihrem Auto, riss die Beifahrertüre auf, warf den Kuchen auf den Rücksitz und erleichterte sich mit einem Donnerwetter. «Warum fährst Du nicht los?», fragte sie ihren Mann. Doch der Schreck war groß: Sie war in das falsche Auto eingestiegen.

Die Asche der Grossmutter

(R. Brednich: «Die Spinne in der Yucca-Palme», Beck'sche Reihe) Eine ältere Frau aus England plante eine Ostasienreise. Sie versprach ihrer Familie, von dort ein Paket mit wertvollen exotischen Gewürzen zu schicken. In der Tat kam nach einigen Wochen ein derartiges Paket bei der englischen Familie an. Darin befand sich ein wertvoll aussehendes Gefäß mit grauer Asche – allerdings ohne Begleitschreiben. Die erfreute Familie ging davon aus, dass es sich hier um die besagte Gewürzmischung handelte und verwendete das Pulver als Zutat zum Weihnachtskuchen. Nach ein paar Tagen kam ein Behördenbrief aus einem fernöstlichen Land, in dem mitgeteilt wurde, dass die Oma unterwegs verstorben war und die Asche umgehend und entsprechend den gesetzlichen Bestimmungen an die Angehörigen geschickt wurde.

Missglückte Selbstmordversuche

(dpa) In Prag kletterte eine junge Frau auf eine 42 Meter hohe Brücke und drohte in selbstmörderischer Absicht herunterzuspringen. Ein Polizist, der sie von ihrem Vorhaben abbringen sollte, robbte sich langsam an die verzweifelte Frau heran, bis er mit ihr ins Gespräch kam. Er sprach ruhig auf die vermeintliche Selbstmörderin ein, die bereits auf dem Geländer stand. Der Grund ihres Suizid-Vorhabens war ihre vermeintliche Hässlichkeit. Soviel konnte er ihr entlocken. Da bat er sie, ihm ins Gesicht zu schauen. Er habe eine Nase, die sei noch größer als die von Cyrano de Bergerac. Nachdem die junge Dame seine Nase betrachtet hatte, musste sie lächeln, stieg freiwillig vom Geländer herunter und ging mit dem Polizisten langsam die Brücke herunter.

(ap) In Zagreb wollte ein Kroate einen dreifachen Selbstmord begehen. Erst wollte er sich verbrennen, dann stieß er ein Messer in seinen Bauch und sprang anschließend aus dem Fenster. Er erlitt indes nur leichte Verbrennungen, der zu dicke Bauch widerstand dem Messer und der Fenstersturz brachte ihm nur einen Beinbruch ein.

(Reuters) Ähnlich erging es einem Mann in Fulda. Um ganz sicher zu sein, legte er nicht nur ein Seil um den Hals, sondern nahm auch Schlaftabletten

und wollte sich zudem Mit einer Pistole erschießen. Er befestigte das Seil am Brückengeländer, sprang ab und drückte gleichzeitig den Revolver ab. Staat seinen Kopf durchschoss er das Seil, fiel in die Fulda. Dort wurde er von Passanten aus dem Wasser gezogen. An Land gab er dann – bei Wiederbelebungsversuchen – viel Wasser und mit dem die Schlaftabletten von sich.

Der lettische Ami-Bayer

(Erzählung des Neffen des Ami-Bayers) Ein Amerikaner, der lange in Lettland gelebt hatte, besuchte seinen Bruder in Oberbayern. Da ihm die bayerische Lebensart gefiel, kaufte er gleich eine Lederhosen-Tracht. Eines Tages saß er – trachtenmäßig ausgestattet – im Zug und las die New York Times, die er sich am Münchener Hauptbahnhof besorgt hatte. Da stieg – wie's der Zufall will – ausgerechnet ein lettisches Ehepaar zu und plazierte sich gegenüber dem lesenden Amerikaner. Die beiden schauten amüsiert zu, da sagte der Lette zu seiner Frau in der Heimatsprache: «Schau Dir doch mal diesen Bauern an, versteht keine Zeile und guckt sich nur die Bilder an!» Als der Zug in der nächsten Station Halt machte, erhob sich der Ami-Bayer, gab dem Ehepaar die Zeitung und sagte in perfektem Lettisch: «Sie wollen sicher auch die Bilder hier anschauen.»

«Wir Dich nix geholt!»

(Erzählung eines Supermarktkunden) Kurz nach der Wende in einem Supermarkt im oberfränkischen Coburg: Viele Käufer stehen vor der Kasse – und nichts geht voran. Unter den vielen Käufern ist auch ein Sachse, der im Scherz sagt: «Das ist ja wie früher in der DDR!» Darauf ein südländisch aussehender Mann in der Schlange: «Du ruhig – wir Dich nix haben geholt!»

«Du nix rumliegen!»

(Eigen-Bericht des Stadtrats) Ein namhafter Stadtrat aus Landsberg, der mit seinem Schnauzer und seinen schwarzen Haaren etwas südländisch aussah, besuchte das Deutsche Museum in München. Nach dem Rundgang legte er sich zur Erholung ein bisschen ins Gras. Da kam ein bayerischer Museumswärter und herrschte ihn an: «Du nix hier auf Rasen rumliegen!»

Ein kostpieliger Umtausch

(R. Brednich: «Die Ratte am Strohhalm», Beck-Verlag) Ein schwedischer Angestellter gewann kurz vor Weihnachten eine Menge Geld im Lotto. Da er auch seiner Mutter, die weit weg wohnte, etwas zukommen lassen wollte, kaufte er in einem

Kaufhaus ein Monopoly-Spiel. Dabei ließ er sich einen Gag einfallen: Das Spielgeld ersetzte er durch richtiges Geld, echte schwedische Kronen – immerhin 200 000 skr. Dann ließ er durch seinen Onkel das wieder ordnungsgemäß verpackte Präsent unter den Weihnachtsbaum legen. Doch die Mutter hatte mit dem Geschenk nichts am Hut und ging am ersten Werktag in eine Filiale des gleichen Konzerns und tauschte das Spiel um.

«Nul mit Volbestellung!»

(SZ) Ein Restaurant-Tester einer Münchner Tageszeitung besuchte ein China-Lokal, das meist wenig Gäste hatte. Dennoch war der Redakteur von der Küche so angetan, dass er das China-Restaurant in seiner wöchentlichen Ess-Kolumne in den höchsten Tönen lobte. Nach ein paar Tagen ging er wieder in das gleiche China-Restaurant, um privat zu speisen. Aber schon am Eingang fing ihn ein Kellner mit den Worten ab: «Keine Platz – seit Klitik in Zeitung nul mit Volbestellung!»

Grüsse an den Kurschatten

(Bericht eines Vertreters) Eine Krankenkasse schickte vor einigen Jahren ihren Kunden, die erfolgreich eine Kur beantragt hatten, ein Bestätigungs-

schreiben, in dem die Einzelheiten der Kur wie zum Beispiel die organisatorischen Bedingungen oder Art der Kostenübernahme mitgeteilt wurden. Dieses Schreiben war ein sogenannter Computerbrief, das heißt die Textbausteine wurden aus den abgespeicherten Standardbriefen zusammengestellt. Die Brief, der so in tausendfacher Weise herausging, enthielt zum Schluss die Grußzeile: «Wir wünschen Ihnen einen schönen Hurerfolg. Mit freundlichen Grüßen ...»

Falsch gezappelt

(R. Brednich: «Die Ratte am Strohhalm», Beck-Verlag) In einer holländischen Kleinstadt arbeitete ein Elektromeister mit seinem Azubi in einem Privathaus. Der Chef stand auf der Leiter, als ihm ein Schraubenzieher entglitt. Mit einem Fuß wollte er den Schraubenzieher zu sich heraufholen und machte dabei zitternde und zappelnde Bewegungen. Der Lehrling, der etwas abseits stand, glaubte, der Meister hänge im Stromkreis fest. Sofort nahm er einen Besen und schlug ihn von der Leiter weg. Der Mann flog von der Leiter, wobei er sich einige Rippen brach.

Da fiel der Medizinstudent um

(Erzählung eines Thüringer Zahnarztes) In der früheren DDR war Prag als Studienplatz sehr beliebt.

Dort studierten nicht wenige Zahnmedizin. Darunter war auch ein Thüringer Kommilitone, der sich vor dem Pathologischen Semester fürchtete. Mit Recht. Denn kaum wurde eine Leiche in den Seziersaal hereingeschoben, machte es bums, und der Kandidat der Zahnmedizin lag auf dem Boden. Praktisch in jeder Sezierstunde wurde er ohnmächtig. Manchmal mussten die Studenten ihn seitlich abstützen, damit er nicht hinfiel. Doch er biss sich durch: Heute ist er einer der besten Kieferchirurgen in ganz Thüringen.

Der Herr Bettler quittiert

(AP) Evio Botta, ein römischer Stadtstreicher, stellt Quittungen für Spenden aus. Er schreibt etwa «1 000 Lire für Arbeitsleistung» auf die Quittungen für Almosen. Den Quittungsblock und seine Steuernummer hatte er noch aus der Zeit, als er mit seiner Ex-Frau ein Restaurant führte.

(dpa) Ein anderer Bettler aus der westsibirischen Stadt Nowosibirsk machte sich zur Gewohnheit, seinen japanischen Luxuswagen direkt am Arbeitsplatz zu parken. Der Polizei ging das zu weit und nahm ihn fest. Die Ermittlungen ergaben, dass der Einbeinige «König der Bettler» des Bezirks war und von Kollegen regelmäßig Gebühren für lukrative Standplätze kassierte.

Tisch verwechselt

(Klintberg: «Der Elefant auf dem VW», Piper) Eine Dame hatte sich mit einem Teller Fleischklößchensuppe in einem Lokal an einen freien Tisch gesetzt, stand wieder auf, um den Salzstreuer zu holen. Als sie zurückkam, saß an ihrem Tisch ein Chinese und langte bei der Suppe kräftig zu. Sie versuchte, mittels Zeichensprache ihn daran zu hindern – doch ohne Erfolg. In ihrer Verzweiflung langte sie in die Suppe, griff sich ein Fleischklößchen, stopfte es in den Mund und zeigte dabei auf sich selbst. Der Asiate fuhr in der unberührt freundlichen Miene fort, weiter zu essen. Entnervt schaut sich die Frau um, da entdeckt sie auf dem Nachbartisch ihren Teller – sie war an den falschen Platz zurückgegangen.

Freiheit dank Sonnenfinsternis

(ZDF) Ein brasilianischer Gefängnisdirektor war sich absolut sicher, dass bei der letzten totalen Sonnenfinsternis am 11.8.1999 die Welt untergehen würde. Daher machte es wenig Sinn, so sagte er sich, wenn er die Insassen seines Gefängnisses weiter eingeschlossen wären. Also ließ er sie alle frei. Die nahmen das Geschenk dankbar an und verschwanden auf Nimmerwiedersehen. Nur: In Brasilien war die Sonnenfinsternis gar nicht zu sehen …

Pflicht geht über alles

(Radio Bayern 2) Englische Butler sind der Inbegriff des guten Stils, mögen die Umstände noch so böse sein. Ein Butler bewahrt Haltung und Contenance. So auch der Butler James von Lord Peter F. aus London. Eines Abends hörte James, der seit 40 Jahren treu seiner Herrschaft diente, zufällig ein Gespräch von seinem Arbeitgeber mit dessen Frau mit. Die beiden beschlossen doch tatsächlich, den ergebenen Butler nach so vielen Dienstjahren zu entlassen. James ging seelenruhig in seine Kammer, holte eine Pistole aus seinem Schrank und erschoss Lord F. nebst Gattin. Dann ging er pflichtbewusst an den abendlichen Abwasch …

Schlagender Beweis

(Jedioth Achronoth, Israel) Eine Lehrerin in Nordisrael hatte sich vor versammelter Klasse entkleidet, um ihre Weiblichkeit zu beweisen: sie war wütend über ständige Bemerkungen der Schüler geworden, sie sehe aus ‹wie ein Mann›. Daraufhin hatte sie im Klassenzimmer einfach Pullover und Bluse, auch ihre Hose ausgezogen. Einige Schüler waren schockiert, andere waren enttäuscht gewesen, als der Striptease zu Ende war.

DEUTSCHER SPRACHE, SCHWERE SPRACH

Originales aus Bedienungsanleitungen und Hinweisen

«Drücken vorwärts und abwärts zwei Henkel mutige Schrauben solange Sie können und vorwärtz und abwärtz dann festigen vier Henkel Schrauben.»

«Während Sie das Glas ein wenig in Richtung A drücken, drücken Sie das Glas kräftig in Richtung B, bis sie ein geklirr lärm hören ...»

«Wenn das Wetter klar ist, wird sich die Puff Unterlage langsam puffen. Entrollen die Puff Unterlage und liegen auf ihr, dann wird sie von der Wärme sich Inflationen bekommen.»

«Das Leder for dem Regen Feuchtigkeit fürchten. Um zu Schaden vermeiden man müss immer die Handtaschen vom den Unwetter schützen. Im Gegensatz zu wir jede Verantwortlichkeit ablehnen.»

«Wenn Sie zuerst diese Armbanduhr annehmen, bitte aussetzen Sie sie unter direkt Sonnenlicht für ungefähr 15 Minuten oder unter anderer Lichtquelle für ungefähr 30 Minuten ...»

«Wenn die von Ihnen gewählte Telefonnummer beschäftigt ist, hängen Sie ein. Wenn es nicht benutzt ist, ihr Telefon soll an eine fläche Flache gelegt werden.»

«... damit wir vessere servies haben, bitte fuellen Sie uns dieses Papier. Seien sie sicher das wir damit arbeiter werden.»

«Die mikrotasta ausführt viele funktionen einschliesslich ein an-kraft selbst-prüfen während es ist von der system-einheit verbraucht …»

«Die beiden scitlichen Schraubens, zusammen mit seine betreffende Dichtungsringen, ausziehen Sie. ACHTUNG: Allen Schraubenschlüsseln versehen.»

«Die beiden Überzügen trennen Sie, und bewirken Sie die Änderung der Glühbirne.»

Alle Tasten sind schreibmatik und entwickeln beider ein bau und eine Pause scan code.»

«Es erhsaltet unmittele reihe communicationen mit system einheit, und ausführt die hand-scgütteln protokoll von jeder scan code transfer braucht.»

«Allen Einstellungen erfolgen duret, oruchan Van S2. Die Anreigen erfolgen in folgender Fiethe: Munai, Tey, Sikuvnd, Minuten …»

MURPHYS GESETZ

Alles was schief gehen kann, geht schief!

EIN UNGLÜCK KOMMT SELTEN ALLEIN

(tz) Die einmalige Pechserie des Dänen Tom Petersen begann mit dem Konkurs seiner kleinen Firma. Dann hatte er einen komplizierten Armbruch, der einen dreimonatigen Klinikaufenthalt erforderte. Seine Wohnung hatte er zwischenzeitlich vermietet. Als er heimkam, war die Wohnung verwüstet, der Mieter weg und keine Miete bezahlt. Er renovierte selbst – am nächsten Tag schon gab es einen Rohrbruch: Das Wasser stand 30 Zentimeter hoch. Leider hatte er vergessen, die Versicherungsprämie zu zahlen. Eine Woche später wurde sein Hund tödlich überfahren. Dann begann seine Mutter wegen der Pechserie zu trinken, und seine Verlobte gab ihm nach einer Frühgeburt den Laufpass. Tags drauf verlor der Genervte in einem Lokal das Bewusstsein – ein Sanka brachte ihn ins Krankenhaus. Währenddessen räumten Unbekannte seine Wohnung aus.

ECHTER OPERNSCHUSS TRAF TENOR

(tz) Zu dramatisch geriet der dritte Akt von Puccinis «Tosca» auf der Opernbühne im mittelalterlichen Macerata: Als der Tenor Fabio Armiliato als Cavaradossi auf der Brüstung der Engelsburg programmgemäß erschossen wurde, blieb er nicht

tot am Boden liegen, sondern richtete sich mit schmerzverzerrtem Gesicht wieder auf und stöhnte: «Hilfe, die haben wirklich auf mich geschossen!» Derweil spielte das Orchester munter weiter, bis der Ruf nach einem Arzt erschallte. Der Tenor war tatsächlich am linken Bein getroffen worden. Die Polizei, die später die Waffen untersuchte, konnte nicht herausfinden, wieso in das Platzpatronengewehr eine richtige Kugel steckte.

Blindenhund auf Abwegen

(FAZ) Wohl der dümmste Blindenhund ist der englische Labrador Lucky, der vier Herrchen nur Unglück brachte: Nummer eins leitete er gegen einen fahrenden Bus, mit Nummer zwei ging es am Pier spazieren – und darüber hinaus, Herrchen stürzte ab. Mit dem dritten stand Lucky auf dem Bahnsteig – als der Zug einlief, sprang der Hund vor Freude am Herrchen hoch, bis dieser das Gleichgeweicht verlor und auf die Gleise stürzte. Nummer vier schließlich sollte von Lucky über eine verkehrsreiche Straße geführt werden, auf einer Verkehrsinsel verlor der Hund die Orientierung und irrte solange hin und her, bis Herrchen tödlich verunglückte.

Hosenschlitz klemmte

(Klintberg: «Der Elefant auf dem VW», Piper) Ein peinliches Erlebnis hatte auch ein junger Mann aus Düsseldorf, der zum ersten Mal bei der Familie seiner Freundin eingeladen war. Die Eltern waren stockkonservativ und legten auf gute Manieren höchsten Wert. Beim Abendessen bemerkte der junge Mann, dass sein Hosenschlitz offenstand. Was tun? Er schaute durch das Fenster und rief: «Sehen Sie mal!» Alle wandten sich zum Fenster, währenddessen er schnell den Reißverschluss zuzog. Gleichzeitig entstand jedoch ein eisiges Schweigen. Als auch er hinaus schaute, wusste er warum: Auf dem Rasen waren zwei Hunde dabei, sich zu paaren. Nach einer Weile, die ihm wie eine Ewigkeit erschien, war das Essen vorüber und man erhob sich. Da flogen Teller, Gläser und Besteck mit lautem Geklirre und Getöse zu Boden – der Pechvogel hatte einen Zipfel der Tischdecke in seinen Hosenschlitz eingeklemmt.

Ein Mann sieht rot

(dpa) In Miami wurde ein deutscher Tourist durch Moskitos in der Nacht gepiesackt. Entnervt sucht er im Dunklen eine Spraydose, die auf dem Tisch stand und sprühte wild um sich. Als er am Morgen aufwachte, sah er nur noch rot: Er hatte statt des

Fliegensprays eine rote Farbdose, die ein Handwerker liegen ließ, erwischt. Bett, Tisch, Schrank und Kleidung – alles rot.

• Rot sah auch ein Bankräuber, der in Chemnitz eine Sparkassenfiliale überfiel und den Kassierer mit vorgehaltener Pistole zwang, den Tresor zu öffnen. Der maskierte Räuber bekam 100 000 Mark – in Geldbomben verpackt – ausgehändigt. Doch zwei Geldbehälter waren mit Farbbomben präpariert. Während der Gangster zu Fuß flüchtete, explodierten sie und sprühten ihn von oben bis unten mit einer nichtabwaschbaren, signalroten Farbe ein. Vor Schreck warf der Täter seine gesamte Beute auf ein Gartengrundstück und verschwand.

• Gelb hingegen sah eine norwegische Familie, als sie nach dem Urlaub zurückkehrte. Ihr graues Haus war auf einmal überall gelb gestrichen. Ein Maler hatte den Auftrag bekommen, eine Fassade in ihrer Straße zu streichen, und sich in der Hausnummer geirrt. Die Nachbarn finden die Verwechslung lustig, nur die Hausbesitzer sind sauer: sie mögen kein Gelb.

Probe fiel ins Wasser

(Berliner Zeitung) Außer der Reihe geduscht wurden die Mitglieder des Wuppertaler Sinfonieorchesters

bei einer Generalprobe. Durch einen technischen Defekt ergossen sich 20000 Liter Wasser aus der Sprinkleranlage der Stadthalle auf die Künstler. Geiger Frank Peter Zimmermann konnte seine Stradivari-Violine gerade noch retten, in die Pfeifen der kostbaren Orgel floss das Wasser dagegen literweise.

Abergläubische müssen büssen

(Die Welt) In Palermo in Sizilien stand der 26-jährige Fabricio Cessare vor Gericht. Wegen zahlreichen Wiederholungsdelikte, darunter schwerer Einbruch, Autodiebstahl und Verbreitung von Falschgeld, verurteilte ihn der Richter zu genau 13 Jahren Zuchthaus. Als der junge Mann den Urteilsspruch hörte, brach er weinend zusammen: «Bitte keine 13 Jahre», flehte er. Die 13 würde ihm großes Unglück bringen. Der verständnisvolle Richter hatte Mitleid. Er revidierte das Urteil und verurteile Cessare zu 14 Jahren Zuchthaus.

Feurige Liebesbriefe

(dpa) Ein junger französischer Soldat kam auf Sonderurlaub in seinen Heimatort. Da erfuhr er, dass seine Verlobung ohne Erklärung gelöst wurde. Maßlos enttäuscht fuhr er in den nächsten Wald und verbrannte die Liebesbriefe seiner ungetreuen

Braut. Feuerwehrleute aus fünf Städten, 150 Soldaten eines nahegelegenen Lagers und drei wassersprühende Flugzeuge mussten den Brand löschen. Fünfzig Hektar Wald waren dahin.

PISTENSCHRECK

(Tiroler Volksblatt) In den Südtiroler Alpen wurde eine Skifahrerin von einem dringenden Bedürfnis übermannt (-fraut). Was tun? Keine Skihütte in der Nähe. Am Lift endlose Warteschlangen. Also zurück zur Natur. Sie fuhr von der Piste weg seitwärts in die Büsche. Um Zeit zu sparen, schnallte sie die Skier erst gar nicht ab und ging in die Knie. In Fachkreisen spricht man hier von der sogenannten Rennfahrerhaltung, der Abfahrtshocke. Damit wird Druck auf die Skienden erzeugt und man bietet nur wenig Angriffsmöglichkeiten für den Wind. Kurzum, man wird schneller. Genau das passierte der Skifahrerin: Durch die Gewichtsverlagerung machten sich die Ski selbständig. Die Fahrerin, immer noch in der besagten (entblößten) Haltung, rauschte aus den Tannen, geriet auf die Piste, wurde schneller und schneller, verlor die Kontrolle und mähte zwei Skifahrer um. Sie selbst brach sich ein Bein und wurde ins nächste Krankenhaus eingeliefert.

Sprung verpatzt

(SZ) Andy Judy wollte aus einer Chessna in 3200 Meter Höhe mit dem Fallschirm abspringen, blieb aber mit dem Stiefel unter der Maschine hängen. 40 Minuten baumelte er so an der Unterseite des Flugzeugs. Erst nach der Landung auf dem Flugplatz in Dunbar/Pennsyvania konnte er aus seiner misslichen Lage befreit werden. Während der Landung hatte er sich mit dem ganzen Körper an die Maschine geklammert.

Dreifach bestraft

(Münchner Merkur) In einem bayerischen Dorf wähnte ein Landwirt nächtliche Einbrecher im Haus. Als er im Dunkeln umhertappte, spürte er eine Berührung an der Kehrseite. Er schnellte herum, schlug zu – und zertrümmerte eine Fensterscheibe. Der «Einbrecher» war nur ein Hund. Der Mann blutete stark, seine Frau verband ihn, wischte mit einem benzingetränkten Lappen das Blut auf, den sie dann in das Plumpsklo im Hof warf. Gleich darauf benutzte der Mann die altmodische Örtlichkeit, zündete sich eine Zigarette an. Es gab eine größere Stichflamme, als er das Streichholz hinter sich warf: Die Benzindämpfe hatten sich entzündet. Die Bäuerin alarmierte die Sanitäter. Als der Bauer auf der Trage liegend seine Geschichte erzählte,

bekam einer der Träger einen Lachkrampf. Der Verletzte rutschte von der Liege, fiel die Stiegen herab und brach sich ein Bein.

Beunruhigungszigarette

(Karlsruher Neueste Nachrichten) Auf einer südbadischen Straße geriet ein Auto ins Schleudern. Der Wagen überschlug sich, doch der Fahrer kroch unversehrt aus den Trümmern heraus. Aufatmend zündete er sich eine Zigeratte an und warf das Streichholz achtlos fort. Im Krankenhaus kam er wieder zu sich. Das Streichholz war genau im zerrissenen Tank des Wagens gelandet.

Eingeklemmt

(AP) Ein angetrunkener 69-jähriger Erlanger musste ein «dringendes Geschäft» im Gebüsch erledigen, hatte dann das Gleichgewicht verloren und war mit heruntergelassener Hose eine steile Böschung hinuntergekugelt. Dabei verklemmte sich sein Gesäß derart zwischen zwei Bäumen, dass er sich nicht mehr aus eigener Kraft aus seiner misslichen Lage befreien konnte. Erst einige Zeit später ist ein Spaziergänger auf ihn aufmerksam geworden und konnte ihn zusammen mit einem herbeigerufenen Polizisten erlösen …

REINGEFALLEN

(International Railway Traveller) Einem Fahrgast im französischen Hochgeschwindigkeitszug TGV war auf der Strecke Paris-Bordeaux die Geldbörse in die Zugtoilette gefallen. Der Mann versuchte, sein Portemonnaie aus der Chemietoilette zu fischen. Dabei blieb sein Arm stecken. Bahnbedienstete mussten die Installation demontieren und den Armen mit der Edelstahlschüssel in ein Krankenhaus einliefern.

REISSVERSCHLUSS-DRAMA

(BK) Ein Ehepaar ging ins Theater. Als man im Parkett Platz genommen hatte, stellte der Gatte fest, dass seine Hose offen war. Diskret versuchte er sie zu schließen. Vergebens. Als die Lichter ausgingen, drängte sich ein verspätetes Ehepaar an ihnen vorbei. Gute Gelegenheit im Stehen das Malheur zu beheben. Leider verhakte sich dabei das Abendkleid der vorbeigehenden Dame. Der Verschluss klemmte. So mussten sie wie ein siamesisches Zwillingspaar durch die Reihen gehen – hinaus zur Garderobe

ALLES WEG

(AP) «Hört auf, bei mir einzubrechen, es gibt nichts mehr zu holen!» schrieb Bill Farrell in Kalifornien

auf einem Schild vor dem Haus. Bei drei Einbrüchen innerhalb von vier Monaten holten Diebe Computer, Videorecorder, Werkzeug, Uhren und weitere Gegenstände im Wert von rund 20000 Doller aus Farrells Haus in Santa Ana. Auch ein stämmiger Rottweiler konnte die Kriminellen nicht abschrecken – sie stahlen den Hund gleich mit. Selbst die Visitenkarte des Polizisten, der beim ersten Einbruch ermittelte, ließen die Diebe mitgehen.

Eingeklemmt

(dpa) Ein Däne hatte einen Finger bei einem Kneipenbesuch in einen Automaten eingeklemmt, als er eine Packung mit Präservativen herausziehen wollte. Weder andere Wirtshausbesucher noch der Rettungsdienst konnten den Mann befreien. Als andere Helfer mit einem Schwingschleifer anrückten, um den Automaten zu zersägen, waren sowohl dieser wie auch der Mann verschwunden. Es zeigte sich, dass Freunde den Kasten herausgerissen hatten, um ihn samt dem Eingeklemmten zur Falck-Rettungsstation zu bringen. Dort wurde er dann befreit.

Das Geld und der Müll

(AP) Ein 80-jähriger Spanier hatte sein Vermögen von 210000 Mark in einer Tüte im Haus aufgeho-

ben. Dann verwechselte er die Tüte mit den Geldscheinen mit einer Abfalltüte und warf so sein ganzes Vermögen in den Müll. Doch der Pechvogel hatte Glück: Städtischen Straßenreiniger hatten die Tüte gefunden und gleich im Rathaus abgegeben. Da er – später auf der Polizeiwache – exakt die genaue Summe nennen konnte, konnte der Mann beweisen, dass das Geld ihm gehörte.

FALSCHER GIPS

(Klintberg: «Der Elefant auf dem VW», Piper-Verlag)
In Amsterdam gab es am Vorabend einer Hochzeit die übliche Junggesellen-Abschiedsparty. Dabei sprach der Bräutigam in spe dem Alkohol mehr zu als er sollte. Die Kameraden halfen dabei noch nach. Jedenfalls war er sturz betrunken. Während er dahindämmerte, gipsten die Partybesucher ihm sein Bein ein. Als er am nächsten Morgen mit einem katastrophalen Kater aufwachte, nahm er an, er sei im Suff gestolpert und habe sich dabei das Bein gebrochen. Genau diese Story bestätigten ihm seine Kameraden. Die Hochzeit wurde verschoben. Zwei Wochen lag er im Bett, ehe der Ulk aufflog.

TV-FLIEGE

(Reuters) Der britische TV-Nachrichtensprecher Jonathan Hill wollte keine Szene machen, als ihm

während einer Live-Sendung eine Fliege in den Mund flog – also hat er sie einfach geschluckt. Hill erklärte, sein erster Reflex sei gewesen, das Tier auszuspucken. Aber das hätte die Zuschauer sicher angeekelt. Er habe ein wenig gewürgt, es aber einfach nicht fertiggebracht, die Fliege auf Sendung auszuspucken. Für ihn als Vegetarier war die Fliege die erste Fleisch-Mahlzeit seit Jahren gewesen.»

Der Hühnerstallbauer

Geradezu legendär ist in der Versicherungswirtschaft der Mehrfach-Unfall eines verhinderten «Hühnerhaus-Architekten», der sein Missgeschick so beschrieb:

«Ich hatte von meinem Hausbau noch Ziegelsteine übrig, die auf dem Speicher lagen. Da dachte ich mir, dass ich daraus einen Hühnerstall bauen könnte. Um die Ziegelsteine vom Speicher zu bekommen, packte ich sie in eine Holzkiste und befestigte am Speicherfenster außen einen Balken mit einem Bälkchen und einer Rolle daran. Über die Rolle legte ich ein Seil, das ich unten auf der Erde festmachte, und band am oberen Ende die Kiste fest, die ich sodann ins Freie schob, wo sie in der Schwebe blieb. Dann ging ich hinunter und machte unten das Seilende los. Dabei musste ich feststellen, dass die Kiste mit den Steinen schwerer war als ich.

Obwohl ich das Seil krampfhaft festhielt, wurde ich nach oben gezogen. Auf halber Höhe begegnete ich der Kiste und riss mir den rechten Arm auf. Dann stieß ich oben mit dem Kopf zuerst an das Bälkchen, dann an den Balken. Im gleichen Augenblick setzte die Kiste unten auf. Durch die Wucht des Aufpralls löste sich der Boden der Kiste mit den Steinen, und da der Rest der Kiste nun leichter war als ich, ging die Fahrt wieder nach unten. Auf halber Höhe begegnete ich erneut der Kiste und riss mir daran die linke Schulter auf. Dann schlug ich auf dem Boden auf und brach mir beide Beine. Vor Schmerz ließ ich das Seil los, woraufhin mir die Reste der Kiste auf den Kopf fielen und ich noch eine Kopfverletzung davontrug. Seit drei Monaten liege ich nun im Krankenhaus ...»

NOMEN EST OMEN

Kuriose Arztschilder

Wer kennt sie nicht, die kuriosen Namens- und Firmenschilder, über die man schon oft gelacht hat? Gerade bei den Medizinern (und verwandten Heilberufen) sind sie sehr häufig anzutreffen. So ist zum Beispiel in einer Nachmittags-Talkshow ein «Dr. Grausam» aufgetreten, der noch «Am Quaelberg» wohnte. Hier eine kleine Auswahl kurioser Schilder:

Willy Beißer
Zahnarzt

Dr. med. M. Blind
Augenarzt

Dr. Nothdurft
Urologe

Dr. M. Vogel
Tierarzt

Dr. Elfriede Liebe
Frauenärztin

Dr. W. Steinmetz
Zahnarzt

Dr. med. Grausam
Ltd. Oberarzt

Edi Handlos
Massage

Dr. Peter Gotterbarm
Zahnarzt

Dr. Dierk Brüller
Zahnarzt

Dr. med Wucherer
Facharzt für HNO

Klaus Schreck
Zahnarzt

Dr. med. Verderber
Facharzt für Chirurgie

Fritz Bormann
Zahnarzt

Dr. H. Nierenstein
Urologe

Max Kneter
Masseur

Dr. med. dent. Bissig
Zahnarzt

Dr. Dr. med. E.v.
Hinüber
Chirurg

Dr. D. Schweiß
Hautarzt

Dr. med. L. Kleinholz
Facharzt für Orthopädie

Dr.med.vet. H. Gaul
Tierarzt

Lore Wunderlich
Naturheilpraxis

Dr. med. W. Geldmacher
Sportarzt

Thomas Schlachter
Tierarzt

Dr. med. dent. W. Killer
Zahnarzt

Arthur Zangerl
Zahnarzt

Dr. Peter Goldlücke
Zahnarzt

Dr . med. Renate
Kratzig
Hausärztin

Wulf Chr. Qualen
Massagepraxis

Dr. med. Ingrid Au
Zahnärztin

Dr. L. Macke
Facharzt für Psychiatrie

Dr. Grabmann
Unfallarzt

Dr. Kiefer
Zahnarzt

Dr. Peter Metzger
Tierarzt

Dr. med. Erwin Leiche
Arzt

Dr. Christian Carius
Zahnarzt

Dr. Peter Maul
Zahnarzt

Dr. med G. Rüssel
Urologe

Dr. Marterer
Zahnarzt

Karlheinz Augendüble
Augenoptiker

Dr. med. R. Pimmelmann
Urologe

Dr. med. R. Guckeisen
Gynäkologe

Dr. Hans Grobian
Zahnarzt

Dr. med. Lothar Loch
Frauenarzt

Prof. Dr. Oskar Klinge
Chefarzt der Pathologie

Dr. Reißmann
Zahnärztin

Dr. med. F. Toth
Chirurg

Dr. Staender
Naturheilverfahren

Dr. med. R. Hengst
Gynäkologe

Dr. Norbert Täuschel
Psychiater

Dr. med. Alfons Hodenberg
Urologe

Dr. med. Karl Hartleib
Internist

Dr. med Erna Muschiol
Frauärztin

Dr. med. K. Leckscheid
Gynäkologe

Dr. med. Reinhold
Spinner
Neurologe

Dr. med. Rainer
Scheidenreiter,
Gynäkologe

Dr. med. Ludger
Großfuß
Orthopäde

Dr. med. L. Pickelmann
Facharzt für Hauter-
krankungen

Dr. med. Gabriele
Ganssauge
Augenärztin

Dr. med. Petra
Knochenbrecher
Chirurgin

Dr. med. Rudolph
Hackemesser
Allgemeinarzt

Dr. Quäling
Zahnarzt

Dr. med Hans
Schwanzlos
Frauenarzt

Dr. med. Carl
Sticherling
Frauenarzt

Dr. med. Erhard
Krummbein
Orthopäde

Dr. med. Gerhard
Vögele
Frauenarzt

Dr. med. Christine
Hackebeil
Arztpraxis für
Neurologie u. Psychiatrie

Dr. med. Peter
Frankenstein
Facharzt für Nerven-
und Gemütskrankheiten

Dr. med. H. H. Kropf
Facharzt für Zahn-,
Mund- und Kieferheil-
kunde

Dr. Erwin Tröster
Frauenarzt

Dr. med Peter Heil
Allgemeinarzt

Dr. med. L. Castringius
Urologe

Dr. med. S. Friedhof
Allgemeinmediziner

Alfons Hölle
Krankenfahrten

Dr. El Barbari
Chirurg

Dr. med. S. Fieber
Allgemeinärztin

Dr. med. V. Schnepf
Tierärztin

Dr. Med. k. Sparwasser
Oberarzt in der Urologie

Dr. Franz Katzen-
beißer
Tierarzt

Dr. med. H. Großfuss
Orthopaede

Gisela von Hinten
Sexualberatung

Dr. med. Paul Karies
Zahnarzt

Johanna Unverzagt
Hebamme

Dr. med. P. Panzer
Musterungsarzt

Dr. Anne Schneegans
Tierarztpraxis

Dr. med. Blut
Arzt für
Frauenheilkunde u.
Geburtshilfe

«ES IST ILLEGAL, IN DER BADEHOSE ZU SINGEN»

Kuriose Gesetze und Regelungen aus den USA

Das Land der unbegrenzten Möglichkeiten hat für seine Bürger enge Grenzen parat. Niemand auf der Welt dürfte so abstruse und groteske Gesetze haben wie die USA, die vor vielen Jahren mal eingeführt, aber später nicht aufgehoben wurden und deshalb immer noch gelten. In vielen Bundesstaaten drohen Strafen für die dämlichsten Sachen – zum Beispiel:

§ Lautes Rülpsen ist auf dem Flughafengelände von Halstead in Kansas verboten.

§ In Hartford, Connecticut, ist es verboten, eine Straße im Handstand zu überqueren.

§ Es ist in Tennessee illegal, aus einen fahrenden Auto heraus Jagd auf Wild zu machen.

§ In Washington gibt es ein Gesetz, welches festlegt, dass nachts vor jedem Auto ein Mann mit einer roten Laterne hergehen muss.

§ Die Stadt Devon in Connecticut verbietet es, nach Sonnenuntergang auf den Straßen rückwärts zu laufen.

§ Gegen das Gesetz verstößt, wer in Delaware in einem Flugzeug schnarcht.

§ Es ist verboten, im Flughafenbereich von Bicknell, Indiana, Eiscreme mit einer Gabel zu essen.

§ Die Stadt Cleveland in Ohio verbietet per Gesetz, ein Fahrzeug in Betrieb zu nehmen, wenn man dabei auf dem Schoß einer anderen Person sitzt …

§ In Baldwin Park, California, verstößt das Fahradfahren in einem Swimmingpool gegen das Gesetz.

§ In Saratoga, Florida, ist es illegal, öffentlich zu singen, wenn man einen Badeanzug trägt.

§ Ein Gesetz in Indiana verbietet es, während der Wintermonate ein Bad zu nehmen.

§ In Topeka, Kansas, ist die Installation von Badewannen verboten.

§ Es ist verboten, in einem Badezimmer die Kleider ab zulegen. Zumindest in Florida.

§ In Rochester, Michigan, muss jeder Freund des nassen Elements seinen Badeanzug vorher von einem Polizisten inspizieren lassen.

§ In Kentucky muss einmal im Jahr gebadet werden

§ In Natoma, Kansas, ist es gesetzlich untersagt, Messer auf Männer in gestreiften Anzügen zu schleudern.

§ Ein Gesetz in Frankfort, Kentucky, verbietet es, die Krawatte eines Polizeibeamten abzuschießen.

§ In Oklahoma darf man keine Waffe öffentlich sichtbar tragen, es sei denn, man wird von Indianern verfolgt.

§ Ein Gesetz zur Verbrechensbekämpfung in Washington besagt, dass jeder motorisierte Kriminelle mit unlauteren Absichten von der Stadtgrenze aus den Polizeichef anrufen muss, um sein Erscheinen anzukündigen.

§ In Massachusetts ist es gegen das Gesetz, Duelle mit Wasserpistolen auszutragen.

§ In Arkansas darf ein Ehemann per Gesetz seine Frau schlagen, allerdings nicht öfter als einmal im Monat.

§ Nach kalifornischem Recht dürfen Frauen, welche einen Hausmantel tragen, kein Auto fahren.

§ Ein spezielles Gesetz in Florida verbietet weiblichen Singles und geschiedenen oder verwitweten Frauen, an einem Sonntag Fallschirm zu springen. Unverheiratete Frauen, welche dennoch springen, droht eine Geldstrafe und/oder Gefängnis.

§ Frauen, die in Florida unter einem Haartrockne einschlafen, können mit einer Geldstrafe belegt werden.

§ In L.A. darf jeder Mann seine Frau mit einem Lederriemen schlagen, vorausgesetzt, der Riemen ist nicht breiter als zwei Inches.

§ In Merryville, Missouri, hingegen ist es Frauen strengstens verboten, ein Korsett zu tragen. Begründung: «Das Privileg, einen kurvenreichen und durch nichts eingeengten Körper einer jungen Frau bewundern zu dürfen, sollte dem normalen amerikanischen Mann nicht verweigert werden.»

§ Die Stadt Dyersburg in Tennesee verfügt über eine Verordnung, welche es Frauen untersagt, einen Mann zwecks eines Dates anzurufen.

§ Ein Gesetz des Staates Michigan bestimmt, dass das Haar einer Frau ihrem Ehemann gehört.

§ In Cleveland, Ohio, dürfen Frauen keine Lackschuhe tragen, da Männer in ihnen eventuell die Reflexion von etwas sehen könnten, was sie besser nicht sehen sollten.

§ Frauen in Oklahoma dürfen an ihrem eigenem Haar keine Veränderungen vornehmen, es sei denn, sie haben eine Lizenz des Staates.

§ In Oxford, Ohio, ist es Frauen verboten, sich zu entkleiden, wenn man vor einem Gemälde oder Foto eines Mannes steht.

§ Ein spezielles Reinigungsgesetz verbietet es Hausfrauen in Pennsylvania, Dreck und Staub unter den Teppich zu kehren.

§ Frauen in Saco, Missouri, ist es gesetzlich verboten, Hüte zu tragen, welche ängstliche Personen, Kindern oder Tieren Angst einjagen könnten.

§ In St. Louis ist es der Feuerwehr verboten, eine Frau zu retten, wenn sie einen Morgenmantel trägt. Um gerettet zu werden, müssen Frauen vollständig bekleidet sein.

§ In New York ist es Frauen gesetzlich verboten, auf der Straße zu rauchen.

§ Einem Gesetz in Norfolk, Virginia, zufolge müssen Frauen, welche an einer Tanzveranstaltung teilnehmen wollen, ein Korsett tragen.

§ In Columbia, Minnesota, ist es Kindern unter zwölf Jahren verboten, auch nur ein Wort in einen Telefon hörer zu sprechen, wenn nicht mindestens ein Elternteil danebensteht. Weiterhin ist es Kindern ver boten, Steine zu werfen, selbst in der freien Natur.

§ In Kalifornien wurde ein Gesetz verabschiedet, nach dem es illegal ist, Kinder am Überspringen von Pfützen zu hindern.

§ Kinder, welche aus dem Mund nach Zwiebeln riechen, dürfen in West Virginia nicht die Schule besuchen.

§ In Los Angeles ist es nicht gestattet, zwei Babys zur gleichen Zeit in einer Wanne zu baden.

§ In Virginia sind Badewannen im Inneren von Gebäuden verboten.

§ Strafbar macht sich auch, wer in Boston öfter als zweimal im Monat ein Bad nimmt.

§ In Vermont wird vom Gesetzgeber vorgeschrieben, mindestens ein Bad pro Woche zu nehmen – immer Samstag nachts.

§ Das Gesetz des Staates Pennsylvania enthält eine Regelung, die es untersagt, in Badewannen zu singen.

§ In Michigan ist es strafbar, seine Frau an einem Sonntag zu küssen.

§ Schnurrbartträgern ist es in Eureka, Kalifornien, nicht erlaubt, eine Frau zu küssen.

§ In Logan County, Colorado, ist es illegal, eine Frau zu küssen, während sie schläft.

§ Eine Verordnung in Riverside bestimmt, das sich zwei Personen erst dann küssen dürfen, wenn sie ihre Lippen mit karbolsaurem Rosenwasser abgewischt haben.

§ Es verstößt in Idaho gegen das Gesetz, wenn ein Mann seiner Angebeteten eine Pralinenschachtel überreicht, die weniger als 50 Pfund wiegt.

§ In Ottumwa, Iowa, ist es jeder männlichen Person untersagt, innerhalb der Stadtgrenzen einer unbe kannten Frau zuzuwinken.

§ In Carmel, NY, gibt es ein Gesetz zur Förderung des guten Geschmacks. Männern ist es verboten, das Haus zu verlassen, wenn deren Schuhe nicht zum Jacket passen.

§ In NYC ist es Männern verboten, Frauen hinterher zuschauen. Wer gegen dieses Gesetz verstößt, wird gezwungen, Scheuklappen für Pferde zu tragen, wann immer er auch spazieren geht. Weiterhin muss er eine Strafe von 25$ entrichten …

§ In Pennsylvania darf kein Mann ohne eine schriftlichen Genehmigung seiner Frau Alkohol kaufen.

§ In Utah ist der Ehemann für jedes kriminelle Ver gehen seiner Ehefrau verantwortlich, welches sie in seinem Beisein begeht.

§ In New Mexiko dürfen die Taschen eines Mannes jederzeit von der Ehefrau durchsucht werden.

§ In Detroit/Michigan ist es dem Mann gesetzlich verboten, seine Frau an einem Sonntag böse anzuschauen.

§ Feuerwehrmännern in Huntington, West Virginia, ist es gesetzlich untersagt, an der Wache entlangflanierenden Frauen nachzupfeifen.

§ Wer innerhalb der Stadtgrenzen von Pueblo, Colorado, ein Löwenzahn aufzieht oder das wachsen eines Löwenzahnes nicht verhindert, verstößt gegen das Gesetz.

§ In Brawley wurde eine Resolution verabschiedet, welche Schnee innerhalb der Stadtgrenzen verbietet.

§ In Topsail Beach, North Carolina, wird es einem Hurricane per Verordnung verboten, die Stadtgrenzen zu überschreiten.

§ In Nevada gibt es ein Gesetz, welches den Sex ohne Kondom verbietet.

§ Eine Verordnung der Stadt Newcastle, Wyoming, untersagt es Paaren, in einem Kühlhaus Liebe zu machen.

§ Das Flirten in den Straßen von Little Rock in Arkansas kann eine 30-tägige Haftstrafe zur Folge haben.

§ In Oblong, Illinois, steht es unter Strafe, am Hochzeitstag mit seiner Frau zu schlafen, wenn man sich dabei auf einem Jagd- oder Angelausflug befindet.

§ In San Antonio, Texas, ist es verboten, durch Blickkontakt oder durch Handsignale zu flirten oder auf Flirtsignale zu reagieren.

§ In Salem, Massachusetts, ist es selbst verheirateten Paaren verboten, nackt in gemieteten Räumen zu schlafen.

§ In Massachusetts ist es Taxifahrern verboten, während des Dienstes auf den Vordersitzen Liebe zu machen.

§ In Gary, Indiana, ist es untersagt, innerhalb von vier Stunden nach dem Genuss von Knoblauch ein Kino oder ein Theater zu besuchen und öffentliche Verkehrsmittel in Anspruch zu nehmen.

§ In Kansas ist es illegal, an einem Sonntag Schlangen zu essen.

§ Massachusetts verbietet es allen Bürgern, Muschelsuppen mit Tomaten zu verfeinern.

§ In Lefors, Texas, verstößt man gegen das Gesetz, wenn man im Stehen mehr als drei Schluck Bier zu sich nimmt.

§ Ein Gesetz in Columbia verbietet es, in den Straßen Luft aus einem Ballon abzulassen und dabei ein pfeifendes Geräusch zu verursachen.

§ In St. Louis, Missouri, ist es illegal, in den Straßen auf dem Bordstein zu sitzen und Bier aus einem Eimer zu trinken.

§ Es dürfen in Kalifornien nicht mehr als 2000 Schafe gleichzeitig den Hollywood Boulevard runtergetrieben werden.

§ Wird in Florida ein Elefant an einer Parkuhr festge bunden, dann ist die normale Parkgebühr für PKW's zu entrichten.

§ In Sterling, Colorado, muss eine freilaufende Katze Rückstrahler tragen.

§ Ein Gesetz in Los Angeles verbietet die Jagd auf Motten unter einer Straßenlaterne.

§ Tiere dürfen sich in Kalifornien nur paaren, wenn sie mehr als 1 500 Fuß von der nächsten Kneipe, Schule der Kirche entfernt sind.

§ In Normal, Illinois, darf niemand ungestraft Hunden Grimassen schneiden.

§ Niemand darf in Kansas einen Fisch mit den bloßen Händen fangen.

§ In Tennessee ist es illegal, einen Fisch mit einem Lasso zu fangen.

§ Es ist illegal, in Zion, Illinois, einem Hund, einer Katze oder irgendeinen anderen Haustier eine ent zündete Zigarre anzubieten.

§ Ein Gesetz verbietet Bienen über das Dorf oder durch die Straßen von Kirkland, Illinois, zu fliegen.

§ Per Gesetz wird in Florida den Ratten verboten, Schiffe zu verlassen.

§ Eine Mausefalle darf in Kalifornien nur von Personen mit gültiger Jagderlaubnis aufgestellt werden.

§ In Wilbur, Washington, ist es verboten, auf einem hässlichen Pferd zu reiten.

§ Ein Gesetz in Denver, Colorado, verbietet das Miss handeln von Ratten.

§ In Atlanta, Georgia, verstößt es gegen das Gesetz, wenn eine Giraffe an einer Telefonzelle oder an einem Laternenpfahl festgebunden wird.

§ Es ist illegal, in Maryland Austern zu misshandeln oder einen Löwen mit ins Kino zu nehmen.

§ In Utah haben Vögel auf allen Highways Vorfahrt

§ Strengstens Verboten ist es in North Carolina, Elefanten zum Umpflügen von Baumwollfeldern ein zusetzen.

§ Wer in Denver, Colorado, seinen Staubsauger an die Nachbarn verleiht, verstößt gegen das Gesetz.

§ In Georgia ist es ungesetzlich, einem Gottesdienst ohne ein geladenes Gewehr beizuwohnen.

§ Ein Gesetz in Chicago verbietet es, während eines Brandes zu essen.

§ Ein Gesetz des Staates Massachusetts verbietet es, die Füße zwecks Abkühlung aus dem Fenster hängen zu lassen.

§ Das Lesen von Büchern oder Zeitungen in den Straßen ist in Southbridge, Massachusetts, nach 20.00 Uhr verboten.

§ Ein Gesetz in Massachusetts verbietet es Trauernden, während der Totenwache mehr als drei Sandwiches zu essen.

§ Bevor nicht alle Fenster geschlossen und sicher verriegelt sind, ist in Massachusetts das Schnarchen strengstens verboten.

§ In Las Vegas ist es verboten, Zahnprothesen zu verpfänden.

§ In Greene, NY, ist es verboten, auf den Straßen rückwärts zu laufen und Erdnüsse zu essen, wenn ein Konzert stattfindet.

§ Keiner Person ist es auf dem Flughafengelände in Upperville, Virginia erlaubt, auf einem Stuhl sitzend die Sonntagszeitung zu lesen, während ein Gottesdienst stattfindet.

§ Die Gesetze verbieten es in Omaha, Nebraska, den Friseuren einem Mann die Brust zu rasieren.

§ In Newport (Rhode Island), darf nach Sonnenunter gang keine Pfeife mehr geraucht werden.

§ In Lexington, Kentucky ist es illegal, Eiscremehörn chen in der Hosentasche zu transportieren.

§ Ein Gesetz des Staates Iowa verbietet es jeden Etablisment, für ein Konzert eines einarmigen Pianisten Eintritt zu kassieren.

§ In Alabama ist es Autofahrern verboten, während der Fahrt eine Augenbinde zu tragen.

§ Wer in Nevada ein Kamel auf einem Highway ausreitet, verstößt gegen das Gesetz.

§ Piloten ist es in Arizona verboten, während des Fluges zu gurgeln.

§ In der Stadt Province, Rhode Island, ist es verboten, an einem Sonntag Zahnbürste und Zahnpasta an den selben Kunden zu verkaufen.

§ In Nicholas County, West Virginia ist es Pfarrern gesetzlich untersagt, von der Kanzel aus Witze zu erzählen.

Quelle: www.Virtual-Mafia.de

«ER VERSCHWAND WORTLOS UNTER MEINEM WAGEN»

Versicherte beschreiben ihr Missgeschick

Die bei den Versicherungen täglich eintreffenden Schadensmeldungen zeugen bei den Versicherungsnehmern von ausgesprochenem Ideenreichtum und fantasievollen, beinahe literarischen Dichtkünsten. Nutzen Sie die folgenden Beispiele als Inspiration für Ihr nächstes persönliches Gespräch mit Ihrem Versicherungsmakler!

- Ich sah ein trauriges Gesicht langsam vorüberschweben, dann schlug der Herr auf dem Dach meines Wagens auf.
- Schon bevor ich anfuhr, war ich überzeugt, dass dieser alte Mann nie die andere Straßenseite erreichen würde.
- Ich überfuhr die Grundstücksksmauer und rammte einen Bungalow. Ich konnte mich einfach nicht mehr erinnern, wo das Bremspedal angebracht ist.
- Trotz Bremsens und Überschlagens holte ich das an dere Fahrzeug noch ein und beschädigte den linken Kotflügel des Wagens.
- Unsere Autos prallten genau in dem Augenblick zu sammen, als sie sich begegneten.
- Wir hielten auf der Böschung zum See hinunter. Dann kam es zu zwischenmenschlichen Beziehungen, die aber schlagartig aufhörten, als sich die Handbremse löste.
- Mein Mann ist leider ohne ärztliche Hilfe gestorben, weshalb ich Ihnen keine Rechnung schicken kann.
- Bei dem Unfall wurde keiner verletzt. Nur Frau H., meine Beifahrerin, ist jetzt in anderen Umständen.
- Dass Sie die Kosten für die Beerdigung nicht übernehmen wollen, ist eine Unverschämtheit. Sterben Sie ein mal, dann werden Sie schon sehen, wie teuer das ist.

- Ich habe meine Brille mit dem Klopapier verwechselt und dieselbe runtergespült.
- Beide Autos stießen frontal zusammen. Dennoch gab es nur Blutergüsse.
- Auch wenn Sie es nicht glauben, der Unfall entstand dadurch, dass ein Fußgänger bei Rot auf die Straße sprang, die Hose runterließ und seinen Hintern zeigte.
- Ich hatte mit meinem Freund innigen Kontakt. Da verlor ich wohl meine Kontaktlinse.
- Unser Hund Hasso musste operiert werden, leider wachte er zu früh auf und sprang den Tierarzt an …
- Ich habe mich im Schlachthof beim Rasieren eines Schweins in den Finger geschnitten.
- Ich verletzte zuerst die Vorfahrt und dann den von rechts kommenden Radler.
- Ich habe den Passanten nicht umgefahren, nur seinen Schatten.
- Ich fuhr rückwärts und konnte daher nicht nach vorne sehen, als das Auto von rechts kam und links in meine Seite fuhr.
- Ich glaube, dass keiner der Autos Schuld hatte. Wenn aber einer Schuld hatte, dann auf jeden Fall der andere.
- Ich drückte auf die Hupe, die aber nicht ging, weil sie vor einigen Monaten gestohlen wurde.
- Im Stoßverkehr krachte es vorne, während es gleichzeitig hinten bumste.
- Ich lege Wert darauf, dass Sie mir Ihren Vertreter, Herr Baumann, schicken, der es mir beim letzten Mal so schön gemacht hat.

- Beim Zusammenprall zog ich mir leichte Schulterverletzungen am linken Bein zu.
- Meine Frau hat die Scheidung eingereicht und sicher werden Sie verstehen, dass ich sie unter diesen Umständen nicht gegen Unfall und Krankheit versichern möchte.
- Muss ich Sie nach meinem Unfalltod innerhalb von 48 Stunden benachrichtigen, um den Versicherungsschutz zu behalten?
- Als ich Ihren Versicherten nach dem Unfall fragte, ob ich ihn ins Krankenhaus bringen soll, antwortete er, dass ihm eine ambulante Behandlung in meiner Wohnung genügen würde. Ich lehnte aber ab, da ich eine verheiratete Frau bin.
- Da der Fahrer nicht mitten im Verkehr halten konnte, erbrach ich mich im Fahrzeug.
- Der Autofahrer sah mir mitten ins Gesicht und fuhr gnadenlos ins Vorderrad.
- Der Unfallgegner erlitt schwere Kopfverletzungen. Auch sein Auto hatte nur noch Schrottwert.
- Die Fahrerin des gegnerischen Autos, eine Ente, erlitt einen Hals-Wirbel-Traum.
- Ich fuhr auf der Speyererstraße, als die Ampel von Rot auf Blau überging.
- Das Wohnmobil fuhr über den Gehsteig. Dabei rollte das rechte Vorderrad über den Fuß unseres Clubmitglieds Peter F., der sich dabei eine Handverletzung zuzog.
- Ich kam von der Straße ab, wobei ein Baum meinem PKW nicht ausweichen konnte.

- Da Frau G. zu sehr an der Bordkante stand, streifte ihr Hinterteil meine Fahnenstange und die brach ab.
- Das gegnerische Auto kam aus dem Nichts, streifte meinen Wagen und verschwand im Nichts.
- Wer mir die Geldbörse gestohlen hat, kann ich nicht sagen, weil aus meiner Verwandtschaft niemand in der Nähe war.
- Unser Hund biss den Dackel, welcher mit seiner Frau bei uns vorbeikam. Er biss auch die Frau, aber die stellt keine Ansprüche.
- Ihr Versicherte rannte gegen meinen Wagen und verschwand wortlos zwischen den Rädern.
- Ich teile Ihnen mit, dass mein Mann auf Anordnung von Dr. M. verstorben ist.
- Den letzten Alkohol habe ich eine halbe Stunde vor dem Unfall eingenommen. Danach habe ich keinen Alkohol getrunken, weil ich ja außer Bewusstsein war.
- Ich brauche keine Sterbegeldversicherung. Wenn es soweit ist, rufe ich bei Euch an.
- Der Arzt diagnostizierte eine Lebererkrankung und riet mir dringend, meinen Weinkeller aufzulösen.
- Es gab einen furchtbaren Krach und das Auto meines Unfallgegners war kampfunfähig.
- Dem gegnerischen Fahrer, der nicht im Besitz einer Fahrerlaubnis war, wurde der Führerschein abgenommen.
- Beide Autos stießen mit den Kühlern zusammen. Es gab aber nur Blutergüsse.
- Nach dem Unfall zeigte es sich, dass der Fahrer schwer verletzt war. Auch der Wagen sah schlimm aus. Er musste sofort operiert werden.

- Ich habe das Auto nur deshalb entwendet, weil ich sehr leicht Schwindelanfälle bekomme und daher mit dem Fahrrad nicht weiterfahren konnte.
- Nach dem Kraftfahrzeugunfall war meine Frau mit den Nerven so runter, dass sie nicht an Zeugen gedacht hatte.
- Ausserdem bin ich vor meinem ersten Unfall und nach meinem letzten unfallfrei gefahren.
- Wegen meiner Zähne konnte ich keine Nacht die Augen zumachen.
- Ich bitte um einen Zuschuss für die Antibabypille. Bei einem Kind hätten Sie viel mehr zu zahlen.
- Die Hausgehilfin wurde leicht verletzt. Sie wird von mir teilweise im Betrieb, zeitweise zuhause genutzt.
- Ich bitte hiermit, das Kind zu streichen, da es ein Versehen des Bürgermeisters war.
- Ich wurde vom Fahrrad geschleudert und prallte mit dem Gesäß auf den Asphalt. Seitdem habe ich starke Kopfschmerzen.
- Die Verletzung entstand durch die Unvernunft der Kuh, die nicht auf das Zeichen des Bauern achtete.
- Da ich mein Schlafzimmer von oben nach unten ver legte, ging das Bett kaputt. Der Grund ist ein Blasen leiden und das WC ist unten.
- Ich wurde müde, legte meinen Kopf auf die Arme, diese rutschten ab und ich fiel auf die brennenden Weihnachtskerzen.
- Was die Kur angeht, kann ich Ihnen ehrenwörtlich versichern, dass ich noch nie gebaded habe.
- Beim Heimkommen fuhr ich versehentlich in eine

falsche Grundstücksauffahrt und rammte einen Baum, der bei mir dort nicht stand.

- Alle Rechnungen, die ich erhalte, bezahle ich nie mals sofort. Die Rechnungen werden vielmehr in eine große Trommel geschüttet, aus der ich am Anfang jeden Monats drei Rechnungen mit verbundenen Augen herausziehe. Diese Rechnungen bezahle ich dann sofort. Ich bitte Sie, zu warten, bis das große Los Sie getroffen hat.
- Im hohen Tempo näherte sich mir die Telegrafenstange. Ich schlug einen Zickzackkurs ein, aber den noch traf die Telegrafenstange am Kühler.
- Ich brauche keine Lebensversicherung. Ich möchte, dass alle richtig traurig sind, wenn ich einmal sterbe.
- Ich habe so viele Formulare ausfüllen müssen, dass es mir bald lieber wäre, mein geliebter Mann wäre über haupt nicht gestorben.
- Ich fuhr mit meinem Wagen gegen die Leitschiene, überschlug mich und prallte gegen einen Baum. Dann verlor ich die Herrschaft über mein Auto.
- Der Bursche war überall und nirgends auf der Straße. Ich musste mehrmals kurven, bevor ich ihn traf.
- Ich habe gestern abend auf der Heimfahrt einen Zaun in etwa 20 Meter Länge umgefahren. Ich wollte Ihnen den Schaden vorsorglich melden, bezahlen brauchen Sie nichts, denn ich bin unerkannt entkommen.
- Der Mopedfahrer, der am Tatort alles miterlebte, hatte der Fahrerin meines Pkw aufrichtig erklärt, dass er seiner Zeugungspflicht nachkommen wird.
- Ich hatte den ganzen Tag Pflanzen eingekauft. Als ich

die Kreuzung erreichte, wuchs plötzlich ein Busch in mein Blickfeld, und ich konnte das andere Fahrzeug nicht mehr sehen.

- Ein unsichtbares Fahrzeug kam aus dem Nichts, stieß mit mir zusammen und verschwand dann spurlos.
- Nachdem ich vierzig Jahre gefahren bin, schlief ich am Lenkrad ein.
- Zunächst sagte ich der Polizei, ich sei nicht verletzt, aber als ich den Hut abnahm, bemerkte ich den Schädelbruch.
- Mein Auto fuhr einfach geradeaus, was in einer Kurve allgemein zum Verlassen der Straße führt.
- Ein Fußgänger kam plötzlich vom Bürgersteig und verschwand dann wortlos unter meinem Wagen.
- Dann kam es zu einer heftigen Schlägerei zwischen dem Passat und dem BMW.
- Als wir kurz vor der Kreuzung waren, sah ich auf meine Uhr, und als ich wieder aufblickte, sah ich nichts mehr.
- Meine Frau hatte noch nie einen Unfall, weil sie immer pedantisch aufpasst im Verkehr.
- Die Fahrer bewarfen sich mit Müll und Abfällen. Die Ehefrauen saßen derweil auf einer Parkbank und strickten.
- Ich las die Zeitung. In der rechten Hand hielt ich einen gespitzten Bleistift. Da rutschte ich mit dem Ellenbogen vom Tisch ab und stieß mir dabei die Bleistiftspitze durchs rechte Nasenloch.
- Ihre Argumente sind wirklich schwach. Für solche faulen Ausreden müssen Sie sich einen Dümmeren suchen, aber den werden Sie kaum finden.

«POLIZIST ERSCHOSS SEIN LEBEN»

Haarsträubendes aus der Presse

Im Hospital wurde dem Mann unmittelbard der Magen ausgepumpt. Die Polizei fand weitere Mengen Haschisch, 14 Stangen unverzollte Zigaretten und größere Mengen US-Dollars.

Abendpost

In der Nacht zum Sonntag mussten drei Menschen mit Verdacht auf Brandstiftung ins Krankenhaus eingeliefert werden.

Rheinische Post

1923 geboren, zählte sie zehn Jahre, als sie in Delkenheim auf die Welt kam.

Frankfurter Rundschau

Der Dreizentnermann stürzte vom Baugerüst, weil er das Übergewicht verloren hatte.

Frankfurter Rundschau

Polizist erschoss sein Leben.

Westfälische Rundschau

Landräte werden in NRW künftig auch dann direkt gewählt, wenn sie während der Wahlperiode ausscheiden oder versterben»

Westdeutsche Allgemeine

Die Eheleute sollen sich gegenseitig erschossen und dann verspeist haben.

Neue Revue

Im Friedhof Dörrmorsbach beträgt die Ruhefrist bis zur Wiederbelebung für Verstorbene über 6 Jahre 30 Jahre, für Verstorbene bis 6 Jahre 15 Jahre.

Haibacher Mitteilungsblatt

Er lag tot im Bett. Erstickt bei einem Wohnungsbrand. Jetzt lebt Simon R. (30) aus S-Möhringen wieder.

Bild

Der 56-jährige Politiker erlag gegen 23.20 Uhr einem Herzinfarkt und starb zehn Minuten später.

Hamburger Abendblatt

Ein in Japan entwickeltes Hormonzäpfchen soll Schwangerschafts-Unterbrechungen auslösen können. Das Zäpfchen kann bis zu 12 Wochen nach der Geburt angewendet werden.

Bella

Der alte Mann röchelt. Seine pergamentweiße Haut liegt schlaff neben ihm auf der Bettdecke.

Zeit-Magazin

Anschließend bedeckte sich die Leiche mit Laub und flüchtete. Sie wurde zwei Wochen später bei Frankfurt festgenommen.

Saarbrücker Zeitung

Er wachte bewusstlos in Malaga auf.

Bonner Rundschau

Die Mütter der Retortenbabies sind Ende 20 und entstammen aus kinderlosen Ehen.

Augsburger Allgemeine

Pro Jahr sind in Deutschland etwa 100 000 Menschen vom plötzlichen Herztod betroffen. Nur zehn Prozent überleben ihn.

Süddeutsche Zeitung

Zwei Verletzte des Unfalls konnten unverletzt geborgen werden.

Süddeutsche Zeitung

Der Hausarzt versuchte täglich, der Patientin Wasser abzusaugen; nachdem das nichts nützte, kam die Feuerwehr.

Bild

Das Fahrzeug fuhr über den Gehsteig. Das rechte Vorderrad rollte über den Fuß eines Passanten, der sich eine Handverletzung zuzog.

Trierischer Volksfreund

Dem unter Alkoholeinfluss stehenden Arbeitslosen musste eine Mutprobe entnommen werden.

Rhein-Neckar-Zeitung

Der Ausflugsverkehr wird mit Busen aufrechterhalten.

Norddeutsche Rundschau

Den Besprechungstermin konnte die Ermordete wegen ihres Zustandes nicht wahrnehmen.
Hessische Allgemeine

Bei asiatischen Männern schlug das Testoron besser an. Es verhütete bei ihnen zu 100 Prozent eine Schwangerschaft.
Vital

Bei der Explosion wurden mindestens 20 Bergleute getötet, darunter drei besonders schwer.
Sonntag -Magazin

Jede Leiche ist spätestens nach dem Eintritt des Todes in die Leichenhalle zu überführen.
Herzberger Zeitung

Der Verletzte überstand den Unfall ohne Verletzungen.
Alfelder Zeitung

Er schlug ihm mit der Faust so ins Gesicht, dass dieser eine Quetschung der Lenden erlitt.
Bild

Wenig später heulten die Sirenen der Sanitätswagen auf. Richtung Forth. Mit ihnen Ärzte und Krankenschwestern.
Sindelfinger Zeitung

Die Obduktion ist rechtens, wenn der Patient ihr nicht ausdrücklich widerspricht.

Südkurier

Nach Amalganentfernung spontane Schwangerschaft.

Zahnarzt Woche

Jeder siebte Gesunde war krank.

Frankfurter Abendpost

Bei der Geburt ist jetzt auch die Mutter dabei.

Waiblinger Kreiszeitung

Er war gelähmt. An seinem Todestag waren plötzlich sämtliche Beschwerden verschwunden.

Neue Presse

Die Frau erlitt einen Nervenzusammenbruch und kam in laut gestikulierender Weise ins Krankenhaus.

Frankfurter Rundschau

Mit leisem Stöhnen nahm er seinen Kopf zwischen die Hände und trug ihn vorsichtig ins Badezimmer.

Auf einen Blick

Empfängerinnen von Altersrenten haben keinerlei Anspruch auf Schwangerschaftsbeihilfen.

Das Beste

Nach der Obduktion steht fest: Willi Bosch ist tot.

Calwer Kreisnachrichten

Steffi Graf hatte Wadenkrämpfe im Oberschenkel.

Bild

Auf Muttis Schoß fühlt sich der 14 Monate alte Prinz genauso sicher wie sein Vati.

Bild

Von den anderen Frauen hat der Schauspieler zwei Töchter und einen Sohn. Mit Barbara hat er zwei große Hunde.

BamS

Der erste Sohn kam am 6. Mai 1989 zur Welt, der zweite wurde im Juli 1989 geboren.

Das Neue Blatt

Nach sieben Kindern kam das Mutterglück.

Neue Revue

Viel lieber wedelt der Hund mit dem Schwanz und der Halter würde gut daran tun, ihm auf die gleiche freundliche Art entgegenzukommen.

Neue Presse

Das Entbindungsheim ist ab 15. 7. geschlossen. Geburten sind erst ab 11. August möglich.

Südwestpresse

Der Mutterschaftsurlaub wird mit dem Tod der Mutter sofort beendet.

Zeitung für Arbeitnehmer

Wieder mehr Babys! Ursache größtenteils unklar.

Fränkische Landeszeitung

Sebastians Mutter verließ ihn noch vor der Geburt.

Bild

Die Folge ist unter anderem, dass fast nur kinderlose Mütter Karriere machen können.

Kölner Stadtanzeiger

Meine Schwiegermutter kann unseren Collihund leider nicht leiden und möchte, dass wir ihn verkaufen. Ohne lange zu überlegen, verkaufe ich jetzt meine Schwiegermutter …

Odenwald-Post

Besuch des Tiergartens. Dackel können zur Fütterung der Löwen mitgenommen werden.

AUGSBURGER ALLGEMEINE

Der Polizist streckte einen Bullen nieder, der sich nicht widerstandslos zur Schlachtbank führen lassen wollte.

NEUE PRESSE

Die Feuerwehr pumpte das Frischwasser in das Gewässer, holte tote Fische heraus und setzte sie im benachbarten Privatteich aus.

HANNOVERSCHE ALLGEMEINE

Die Frau habe gesagt, sie fühle sich von anderen Männern sexuell bedrängt. Der 40-jährige habe daraufhin seine Frau erwürgt, um Abhilfe zu schaffen.

ELBE-JEETZEL-ZEITUNG

Danach flüchtete der Verbrecher. Er war 176 cm groß, trug einen roten Wollschal und einen Parka und eine Alkoholfahne.

WEILHEIMER KREISBLATT

… doch der Alkoholisierte kam nicht weit. Er hielt an, stieg aus und übergab sich. Das war natürlich für die herankommenden Polizisten ein gefundenes Fressen.

TZ

KLECKERN ODER KOTZEN?

Haarsträubendes aus dem TV-Programm-Service

17.15 Jeder kann morgen besoffen sein.
Kirchliche Denkschrift zur sozialen Sicherung.
23.00 Der internationale Kurzfilm.
23.01 Sendeschluss.
0.15 Der Alte: Schlagt ihn tot.
Anschließend: Die Parteien zur Bundestagswahl.
21.15 Hinter Gittern.
Bei einem Handgemenge mit Mona stürzt Walter und erleidet eine Fehlgeburt.
16.30 Chic: Aktuelle Frühjahrs- und Sommermorde.
Aktuelle Trends und Tips.
19.30 Schwarzwaldmöbel.
Operette.
18.03 Sportschau:
Auslosung Tod des Monats
23.00 Kleckern oder Kotzen?
Maßnahmen gegen die Arbeitslosigkeit.
21.45 Spätere Heirat nicht ausgeschlossen.
Sendung zum Pennenlernen.
19.00 Western:
Im Ford der Weißen.
16.50 Die Frau des Messerwerfers.
Kurzfilm aus Brasilien.
10.03 Der Kongress tankt.
20.00 Popo nach acht
21.00 Teletip: Informationen für Verbrecher.
Heute Heizkostenabrechnung.
15.00 Die Sportreportage: Fußball-Länderspiel
Bundesrepublik-Deutschland.

9.00 Der ganz alltägliche Schrecken.
Ev. Gottesdienst.
23.00 Der russische Film:
Panzerknacker Potemkin.
22.50 Aida.
Opa von Verdi.
14.45 Unser Garten.
Planschbecken und Mini-Swimming-Pools. Regie: John Huston.
19.30 Spielshow.
Heiteres Spiel für gescheiterte Leute
20.15 Heinz Sielmann zeugt:
Über Skorpione und andere Heimlichtuer.
20.15 Derrick
Horst Tappert sucht den Mörder in einem Walkmann.
21.45 Das Erbe der Guldenburgs
Fernsehserie in 14 Tagen.
20.15 Ein irrer Beruf
Nach einem Duschbad von Herbert Reinecker.
21.15 Vorsicht Falle
Die Kriminalpolizei warnt vor Eduard Zimmermann.
15.00 Die ist nicht von Gestern
(Wh. v. gestern)
17.30 Ratgeber Recht
Welche Rechte hat ein Bürger, wenn sein Nachbar ein Atomkraftwerk oder ein Biotop anlegen will?

«H-MELL-MOSSE VON JOHANN SEBALDRIAN BACH»

Heitere Radio- und TV-Versprecher

- «Das Wetter ist weiterhin schwachsinnig»
- «Der Lustdruck ist allgemein fallend»
- «Ein Gemeindemitglied lockte zu seinem 80. Geburtstag mit einem Sexfrühstück.»
- «Die Heiligen Drei Könige brachten Gold, Weihrauch und Möhren.»
- «Nun wird der scheidende General durch sieben-Salatschüsse geehrt.»
- «Wir senden nun einige Beispiele italienischer Bockmusik.»
- «Ab 14 Uhr übertragen wir den Riesendamenslalom.»
- «Das Tauziehen um das Kernkrampfwerk geht weiter.»
- «Sie hören nun die h-Mess-Molle, Verzeihung, die h-Moss-melle, Entschuldigung, die h-Moll-Messe von Johann Sebaldrian Bach – ich häng mich auf!»
- «Sie hat sich dann immer die Ohren ausgeweint.»
- «Lasst uns auf das Wohl des Säuflings trinken.»
- «Verdächtigt wurden Bosnische Scherben.»
- «Mit hohem Kopf und hochrotem Blutdruck …»
- «Sie gab wegen einer Leistungszerrung auf.»
- «Verkehrsmeldungen über Polizeistörungen liegen nicht vor.»
- «Manchmal kriegt man einen Ton in den falschen Hals.»
- «Am Nachmittag auffrischender Südwestfunk.»
- «Mit dem Gongschlag ist es 6 Mark dreißig.»
- «Nun zur Wirtschaftsglocke der Woche.»
- «Damit ist das 3. Programm des Bayerischen Rundfunks verendet.»

- «Nun die Arie aus der Oper Elektro von Richard Strauß.»
- «Es folgt der Donauwallenwälzer von Johann Strauß.»
- «Der Minister dementierte Rücksichtsabsichten.»
- «Die Bundesregierung beschloss neue Spaßmaßnahmen,»
- «Heute morgen nach Frühdurst Sichtbehinderung.»
- «Tagsüber furzzeitige Wolkenauflockerung.»
- «Heute nacht keine weitere Bevölkerungszunahme.»
- «Es singen die Münchner Vokalsozialisten.»
- «Nun der neueste Erfolgsshit.»
- «Das Wort zur Fastenzeit spricht nun Prolet Meier.»
- «Wir berichten jetzt über die olympischen Bettspiele.»
- «Sie hören jetzt Furznachrichten.»
- «Der Prozess fand vor der großen Schlafkammer des Oberlandesgerichts statt.»
- «Der Betrieb sucht eine Zeichnerin, die mit allen Arbeitern vertraut ist.»
- «In diesem Krankenhaus können 48 Patienten zu gleicher Zeit umgebracht werden.»
- «Gesucht wir ein Strapsoffizier.»
- «Tausende standen an den Hängen und Pisten.»
- «Manchmal weiß man nicht, was in den Eltern der Köpfe vorgeht.»
- «Nach Liebe der Bangkok wegen.»
- «Lots Frau erstarrte zur Salzsäure.»
- «Er ist Jahresweltbestzeit gesprungen.»
- «Gelegentlich wird die Sonne schneien.»
- «Ich weiß ja selbst nicht, was für ein Pferd mich da geritten hat.»

- «Er wird um zehn Uhr auf dem Hauptbahnhof beerdigt.»
- «Eine Sache für den militärischen Abschiedsdienst.»
- «Die Panne am Anfang bitten wir zu verzögern.»

Quellen:
Fred Rauch: «Lohnhäuser und Tannengrün», Rosenheimer Verlag
Hartmut Walsdorff: «Vor Gott sind alle Menschen bleich»
Helen Leuninger: «Reden ist Schweigen, Silber ist Gold», dtv

GROBE FOULS
Ausrutscher beim Sport

KARL-HEINZ RUMMENIGGE

«Viele können nicht unterscheiden zwischen einer Viererkette und einer Fahrradkette.»

BRUNO LABBADIA

«Das wird doch alles von den Medien hochsterilisiert.»

LOTHAR MATTHÄUS

«Wir dürfen jetzt nur nicht den Sand in den Kopf stecken.»

ROLAND SCHMIDER

«Für uns war die Trainerfrage nie eine Trainerfrage.»

MATTHIAS SAMMER

«Das nächste Spiel ist immer das nächste.»

FRITZ WALTER

«Der Jürgen Klinsmann und ich sind schon ein tolles Trio, … äh Quartett.»

BERTI VOGTS

«Kompliment an meine Mannschaft und meinen Dank an die Mediziner. Sie haben Unmenschliches geleistet.»

BERTI VOGTS

«Ich glaube, dass der Tabellenerste jederzeit den Spitzenreiter schlagen kann.»

Ulf Kirsten

«Wir waren bereits klinisch tot.»

Aleksander Ristic

«Wenn man ein 0:2 kassiert, dann ist ein 1:1 nicht mehr möglich.»

Thomas Hässler

«Wir wollten in Bremen kein Gegentor kassieren. Das hat auch bis zum Gegentor ganz gut geklappt.»

Andreas Möller

«Ich hatte vom Feeling her ein gutes Gefühl.»

Andreas Möller

«Mailand oder Madrid – Hauptsache Italien!»

Roland Wohlfahrt

Zwei Chancen, ein Tor – das nenne ich 100% Chancenauswertung.

Frank Pagelsdorf

«Wir werden nur noch Einzelgespräche führen, damit sich keiner verletzt.»

Toni Polster

«Man hetzt die Leute auf mit Tatsachen, die nicht der Wahrheit entsprechen.»

Uwe Wegmann

«Zuerst hatten wir kein Glück und dann kam auch noch Pech dazu.»

Hans Krankl

«Ich habe bei der WM in Frankreich keine Probleme mit der Verständigung, ich kann kein Französisch.»

Quelle: www.Trendmagazin.de

DIE WIRKLICH BEWEGENDEN GESPRÄCHSTHEMEN VON HEUTE:

SEX und COMPUTER! Drohende Stolpersteine, Missgeschicke, Fallen, Gefahren, Katastrophen, Tragödien und Desaster rund um die wichtigsten Themen schonungslos aufzudecken und dadurch vielleicht vor dem einen oder anderen Fiasko zu schützen: das ist das Anliegen der neuen Reihe im Rake Verlag.

FIASKO SEX
VON P.W. FISCHER
ISBN 3-931476-60-X

FIASKO COMPUTER
VON PFEFFERMANN & SOMMER
ISBN 3-931476-61-8

«URLAUB MACHEN»,

vom Reiselustigen auch liebevoll «in Urlaub fahren» genannt, rangiert ganz oben auf der Hitliste der Deutschen. Der Rucksacktourist mit sehnsuchtsvollem Blick, der braungebrannte Segler oder der Familienvater vor dem vollgepackten Auto – sie alle haben eins gemeinsam: die Aussicht auf URLAUB und ABENTEUER. Welche überraschenden Formen diese Abenteuer im Urlaubsland annehmen können, davon berichtet die neue Reihe bei Rake: (K)EIN URLAUB!

(K)EIN URLAUB AUF MALLORCA
VON STEFAN THODE
ISBN 3-931476-72-3

(K)EIN URLAUB IN ITALIEN
VON MATTHIAS SOMMER
ISBN 3-931476-71-5

Heldenschlacht
von Frank Goyke
ISBN 3-931476-32-4

Handlungsorte: Flensburg, Hamburg, Kiel, Rostock, Rendsburg und Fredericia in Dänemark!

«Goyke hat sich Kultstatus und einen Spitzenplatz unter den wenigen guten Kriminalautoren deutscher Sprache erschrieben. Er gehört zu den allerbesten seines Fachs.» Jürgen Deppe, NDR

Die Aufklärung eines schon fast in Vergessenheit geratenen Verbrechens einer Gruppe von Marine-Offiziersanwärtern! *«Eine einzige Nacht hatte ausgereicht, um aus Freunden nicht Feinde zu machen, das nicht, aber fünf Menschen, die sich aus dem Weg gingen seit 23 Jahren.»*

Vor 23 Jahren herrschte Kalter Krieg, man wurde noch mit anderen Vorstellungen und Intentionen Marineoffizier. Es sind sechs junge Männer, die selbsternannten Glorreichen Sechs, die in der Marineschule in Mürwik den Offiziersgrundlehrgang absolvierten. In einer Nacht auf Landgang geschieht etwas, woran sich der heutige Privatdetektiv Jacob Lindemann nur vage erinnert.

Der Selbstmord des ehemaligen Freundes Bruno Babendererde läßt die glorreichen Sechs nach den langen Jahren der Trennung wieder zusammenkommen. Jacob ist auf der Suche nach dem Motiv des Selbstmordes. Was er auf seiner Suche aufdeckt, setzt sich wie ein Puzzle zu einem grauenhaften Bild zusammen.

Frank Goyke hat mit diesem Krimi seinen gehobenen Rang als Autor der deutschen Kriminal-Literatur unterstrichen!

IF..., DIE WAHRE GESCHICHTE DER WELT
VON PERSCHEID & HAAS
MIT FARBIGEN ILLUSTRATIONEN VON MARTN PERSCHEID
ISBN 3-931476-25-1

Martin Perscheid, geb. 1966, lebt und arbeitet als freischaffender Illustrator und Cartoonist in der Nähe von Köln.

Jens Oliver Haas, geb. 1967 in Frankfurt/Main. Er arbeitet als Comedy-Texter fürs Fernsehen und lebt in Köln.

If..., das ist lebendige Geschichte für Zweifler, Spötter und Phantasten. In 15 Kapiteln wird die Geschichte vom Urknall, der Steinzeit, der Entdeckung Amerikas, der Mondlandung bis hin zur Wiedervereinigung neu geschrieben. Auf der Grundlage historischer Fakten stellt das Buch die ketzerische Frage, wie es gelaufen wäre, wenn ...
Perscheid und Haas haben ihre Köpfe zusammengesteckt und herausgekommen ist die seit langem witzigste Geschichtsschreibung unserer Zeit!

FLORADOMIE
FARBIGE BILDERGESCHICHTE IN 40 SEITEN VON M. PERSCHEID
ISBN 3-931476-29-4

Martin Perscheid beeindruckt mit einer einzigartigen Bildergeschichte – von der Liebe eines Mannes zu einer Blume. Romantisch? Ja! Mit Herz? Ja! Süßlich-sentimental? Mitnichten! Perscheid bleibt der Groteske seiner Cartoons treu: Eine Romanze mit wahrlich wundersamem Ausgang, denn die Liebe zur Blume lässt den Mann Wurzeln schlagen!

De Rottwinkels
UNBEDINGT NOTWENDIGES
Blödsikon
verrät, was die Wörter wirklich bedeuten

Wenn Sie immer schon geahnt haben, dass der Rohrspatz in Wirklichkeit ein zierlicher Klempnerlehrling, der Greifvogel eine offensive Bordsteinschwalbe und der Ruf «Erbgut!» der scherzhafte Abschiedsgruß in Kreisen von Millionärssöhnen ist, dann sollten Sie, sehr geehrtes Lesewesen, dieses Buch jetzt unbedingt kaufen, borgen oder sonstwie in Ihren Besitz bringen, denn es wird Ihnen Bestätigung bringen. Sollten Sie dagegen nicht wissen, dass es sich beim Input um ein Huhn in der Legebatterie und bei Interlaken um ein Beziehungskistengespräch mitten in der Beziehungskiste handelt, sollten Sie sich erst recht für das Werk erwärmen. Weil Sie damit Ihren Sprachschatz auf eine Weise aufpolieren können, die Sie zum intellektuellen Epizentrum jeder Gesprächsrunde macht. Schnurzegal ob beim Prosten beim Polterabend, beim Pokern bei der Polizeikontrolle oder beim Pöbeln während der Papstaudienz – das letzte Wort geht garantiert an Sie!

Herausgegeben von
Klaus de Rottwinkel

Mit einem Vorwort von
Jürgen von der Lippe

RAKE VERLAG, ISBN 3-931476-56-1